HEINZ JANISCH

# Jeder kann ein LÖWE sein!

## Geschichten, die Mut machen

*Illustriert von Mathias Weber*

LAPPAN

*Für alle, die den Mut haben, ihren eigenen Weg zu gehen.*
*H. J.*

*Für meine Mutter.*
*M. W.*

*Alle Texte, Gedichte oder Nacherzählungen, bei denen kein anderer Autor angegeben ist, stammen von Heinz Janisch.*

2. Auflage 2018
ISBN 978-3-8303-1272-7
Alle Rechte vorbehalten. Das Werk darf – auch teilweise – nur mit Genehmigung des Verlages wiedergegeben werden.
© 2017 Lappan Verlag in der Carlsen Verlag GmbH
Oldenburg / Hamburg
Lektorat: Constanze Steindamm
Herstellung | Gestaltung: Monika Swirski
Druck und Bindung: Balto Print
Printed in Lithuania

www.lappan.de

# Vorwort

# Mut sieht immer anders aus!

Was ist Mut? – Ich denke oft darüber nach und denke mir: Der Mut sieht immer anders aus.

Es ist mutig, wenn man eine Mutprobe nicht mitmacht und sagt: „Nein, danke! Ich bin mutig genug, etwas anders zu machen als du! Ich muss da nicht runterspringen. Wozu auch?"

Es ist mutig, wenn man eine andere Meinung hat als alle anderen. Jeder hat eben seinen eigenen Kopf und sein eigenes Herz, und jeder weiß selber am besten, was ihm guttut. Und was nicht.

Es ist mutig, wenn man sich einmischt, weil man eine große Ungerechtigkeit spürt. Wenn zum Beispiel zwei auf einen losgehen oder wenn ein Großer glaubt, er kann Kleinere ärgern.

Es ist mutig, wenn man ehrlich ist und sagt: „Tut mir leid, das ist mir runtergefallen, und jetzt ist es kaputt. Ich wollte das gar nicht."

Es ist mutig, auf andere zuzugehen und die eigene Schüchternheit zu überwinden. „Du, ich mag dich." Das ist ein einfacher Satz. Aber es ist oft gar nicht so einfach, ihn auszusprechen.

Es ist mutig, allein im dunklen Zimmer zu sein. Aber man kann auch ruhig Licht machen und mutig sagen: „Ich mag die Dunkelheit nicht."

Es ist mutig, sich Zeit zu lassen, wenn es alle anderen furchtbar eilig haben und dabei vieles übersehen.

Es ist mutig, sich in wilde Abenteuer zu stürzen. Die können draußen vor der Tür warten oder in deinem Zimmer. Leserinnen und Leser sind besonders mutige Leute, weil in vielen Büchern spannende Abenteuer auf sie warten.

Es ist mutig, manchmal Angst zu haben. Die Angst sorgt dafür, dass man vorsichtig ist, und nur wer vorsichtig ist, kann die unglaublichsten Abenteuer überstehen.

Es ist mutig, über den Mut nachzudenken und sich einzugestehen, dass es auch Dinge gibt, die man nicht mag. Man muss nicht alles mögen.

Ihr seht schon: Der Mut sieht immer anders aus.

Ich hoffe natürlich, dass ihr dieses Buch mögt. Ihr findet darin viele Geschichten und Gedichte und alte Märchen, die ich neu erzählt habe. Und es gibt schöne Bilder, die man sich immer wieder anschauen kann …

Wenn ich als Kind ein Buch aufgeschlagen habe, hat mein Vater manchmal gesagt: „Gute Reise!"

Jetzt wünsche ich euch eine gute und spannende Zeit mit unserem Buch! Ihr werdet Löwen und Drachen begegnen, Königen und Prinzessinnen, starken Jungs und wilden Mädchen. Ihr werdet durch viele Länder und Städte kommen, ja sogar bis ans Meer …

In diesem Sinne: „Gute Reise!"

## DER LÖWE IN MIR

Der Löwe in mir
ist ein schüchternes Tier.
Immer, wenn ich mich etwas trau
brüllt er mutig „MIAU!"

# WEITSPRUNG!

„Und hepp!"
Gerade noch hatten sie neben ihm gestanden. Jetzt waren sie mindestens hundert Meter entfernt.
Kim, das kleine Känguru, musste schlucken.
„Wo bleibst du denn?", rief sein Känguruvater.
Es klang so, als wäre er weit weg.
„Na, los! Du kannst es doch!", rief seine Kängurumutter.
Kim schaute sich suchend um.

„Wir sind hier! Nur ein paar Meter vor dir!", seufzte sein Känguruvater.
„Und hepp!", rief seine Kängurumutter.
Kim wollte gerade losspringen, da sah er ein Glitzern auf dem Boden.
„Schaut, was ich gefunden habe!", rief er aufgeregt.
Stolz zeigte er seinen Fund her, einen kleinen schimmernden Stein.
Der Stein verschwand in seinem Beutel.
„Du sollst nicht alles berühren, was auf dem Boden herumliegt", sagte seine Mutter.
„Wenn du so viel mitnimmst, dann kommst du nie vom Fleck", sagte sein Vater.
Kim hatte in den letzten zehn Minuten mindestens hundert Dinge gefunden. Oder zweihundert.
In seinem Beutel waren jetzt eine weiße und eine blaue Feder, eine durchsichtige Glasscherbe, ein kleiner Gummiball, eine Muschel, ein leeres Schneckengehäuse, eine schwarze Schnur, ein Anhänger, ein verzierter Schlüssel, eine Orange, ein Plastikindianer, ein Holzkreisel, ein rotes Auto, eine Brille ohne Gläser, eine abgebrochene

Flöte, eine Landkarte, ein Wecker, ein Bleistift, ein Federball – und der schimmernde Stein.

„Wir üben den Weitsprung!", rief sein Känguruvater. „Und nicht das Sammeln von Dingen, die keiner mehr brauchen kann."

„Das haben andere weggeworfen", sagte seine Kängurumutter. „Und du hebst es wieder auf."

Kim betrachtete stolz seinen vollen Beutel.

„Da sind lauter schöne Sachen drin! Die kann ich alle gut brauchen!"

„Aber jetzt wird trotzdem weit gesprungen!", sagte sein Vater und machte einen weiten Sprung.

„Und hepp!", rief seine Mutter und sprang hinterher.

Das waren schon wieder mindestens hundert Meter. Oder zweihundert?

Kim holte tief Luft. Dann sprang er.

Aber nur ein kleines, winziges Stück weit.

„Schaut mal!", rief er. „Habt ihr diese wunderschönen gelben Blumen gesehen?"

Seine Eltern warteten, bis Kim neben ihnen stand.

„Das waren jetzt aber mindestens hundert Meter", sagte Kim zufrieden.

„Du meinst, hundert Sprünge", seufzte sein Vater.

Unterwegs hatte es viel zu sehen gegeben:

Einen Käfer mit roten Punkten. Einen Schmetterling auf einem Grashalm. Einen Fußbadruck im Sand. Eine abgebrochene Fahne. Eine Ameise, die ganz schön schwer zu tragen hatte. Ein Muster auf einem Stein.

Einen Strauch mit Blüten …

„Und weiter geht's!", rief sein Känguruvater.
„Und hepp!", rief seine Kängurumutter.
Beide hinterließen eine kleine Staubwolke.
„Wie schön der Staub in der Sonne glitzert!", dachte Kim und blieb stehen.
„Verflixt!", hörte er da seinen Vater rufen.
Er musste ungefähr hundert Meter entfernt sein.
„Die Mauer ist viel zu hoch für uns!", sagte seine Mutter. „Da müssen wir einen Umweg machen."
Kim wurde neugierig. Mit ein paar Sprüngen war er bei den Eltern. Sie standen vor einer hohen langen Mauer. Mitten in der Mauer war ein Tor.
„Es ist versperrt", sagte sein Vater.
„Dabei wäre das der kürzeste Weg nach Hause", sagt seine Mutter.
Kim schaute sich das Tor aufmerksam an.
Dann kramte er lange in seinem Beutel.
„Ich hab da was", sagte Kim.
Er hielt den verzierten Schlüssel hoch, den er gefunden hatte. Kim steckte den Schlüssel ins Schloss. Er passte. Kim drehte den Schlüssel einmal um. Mit einem leisen „Klick!" sprang das Tor auf.
„Springt nur voraus", sagte Kim. „Ich werde das Tor wieder abschließen."
„Hm", sagte sein Vater verlegen.
„Wir warten lieber auf dich. Ich hab für heute genug vom Weitsprung. Willst du uns nicht lieber den Nahsprung beibringen?"
Kim nickte.
„Wir können es ja probieren. Zumindest hundert Meter lang."
Sie stellten sich nebeneinander auf.
„Und hepp!", rief Kim.

# WAS KINDER ALLES KÖNNEN

### THEO

Theo kann so laut niesen,
er weckt damit alle Riesen.
Ein Nasentrompetenstoß
und im Kinderzimmer ist was los!

### LILLI

Lilli wird niemals fad.
Hat sie Zeit, schlägt sie ein Rad.

### MIRA

Kommen wilde, Feuer speiende Drachen,
verzaubert sie Mira mit einem Lachen.

### FRITZ

Bist du traurig, geh zu Fritz!
Er erzählt dir einen Witz.

### FRIEDA

Frieda hat geschickte Hände.
Sie baut Türme und Wände
aus papierweißem Schnee.
Ich glaub, sie ist eine Zauberfee!

### ORIE

Wer lehnt da gemütlich an der Wand?
Das ist Orie. Er macht einen Kopfstand!

### KATHI

Kathi ruft: „Ich kann heut fliegen!
Ich muss nur erst einen Schluckauf kriegen!"

### SOPHIE

Sophie kann wunderschön singen.
Sie bringt sogar die Luft zum Schwingen.
Man hört ein leises Knistern und Rauschen.
Sogar die Engel sind am Lauschen …

## VON MEERJUNGFRAUEN UND PRINZESSINNEN, VON KÖNIGEN UND PRINZEN

Ich liebe Märchen. In Märchen ist alles möglich, und das macht sie so spannend. Fast immer wird jemand auf die Reise geschickt, um etwas zu erleben. Da muss man schwierige Prüfungen bestehen oder ein Rätsel lösen oder gegen Drachen kämpfen.

Man muss also Hindernisse überwinden, um dann ein Königreich zu gewinnen. Und das Schöne im Märchen ist: Jede und jeder kann Königin oder König werden! Aber — eine Krone auf dem Kopf zu haben heißt noch lange nicht, dass man auch klug mit der Macht umgeht, die man bekommen hat.

Gut, dass es mutige Kinder gibt, die solchen Machthabern ehrlich die Meinung sagen ...

# KÖNIG GOLDHAND

Es war einmal ein König, den nannten alle nur König Goldhand.

Seit ihm einmal – beim Frühstück – ein Ei aus der linken Hand gefallen war, machte er alles nur noch mit der rechten Hand.

„Vergesst die linke Hand! Nur die rechte Hand ist eine Goldhand!", ließ der König verkünden und ließ sich einen goldenen Handschuh für die rechte Hand machen.

Er machte alles nur noch mit der rechten Hand.

Er winkte nur noch mit der rechten Hand, wenn er auf dem Balkon stand oder in seiner Kutsche durchs Land fuhr.

Er nahm die Krone nur mit der rechten Hand vom Kopf.

Er kratzte sich nur mit der rechten Hand, wenn es an ihn der Nase juckte.

„Wer alles mit rechts macht, hat immer Recht", sagte der König zu seinen Beratern.

Bald wagte es niemand mehr, etwas mit der linken Hand zu machen.

Viele taten sich schwer, nur mit der rechten Hand, beim Waschen oder beim Anziehen oder beim Essen, und es kam zu vielen kleinen Unfällen.

Aber jeder wollte es genauso machen wie König Goldhand.

Alle eiferten dem König nach.

Bald trugen viele kostbare Handschuhe an der rechten Hand, so wie der König. Überall sah man Frauen und Männer mit Handschuhen aus Seide und bunten Stoffen, die kunstvoll bestickt waren.

Zu Hause, wenn sie niemand sehen konnte, benutzten viele heimlich die linke Hand. Dann fiel ihnen das Kochen und das Schreiben und das Arbeiten leichter.

Aber wenn sie auf der Straße spazieren gingen, dann hoben sie stolz die geschmückte rechte Hand und winkten den anderen zu.

Eines Tages fuhr König Goldhand mit seiner Kutsche durchs Land, um Kindern kleine Geschenke zu bringen. Der König liebte Kinder.
In der Kutsche führte er oft einen großen Korb mit, der mit Äpfeln, Birnen und Süßigkeiten gefüllt war.

Die Kutsche hielt an einem Platz, auf dem Kinder, Jungen und Mädchen, mit einem Ball spielten.
Der König trat aus der Kutsche und verteilte Geschenke.
Ein Ball flog geradewegs auf den Kopf des Königs zu.
Ein kleiner Junge sprang dazwischen und wehrte den Ball mit der linken Hand ab.
„Ich danke dir", rief der König dem kleinen Jungen zu. „Was darf ich dir schenken?"
Er deutet auf den randvollen Korb.
Der kleine Junge überlegte kurz.

"Ich hätte gern deinen goldenen Handschuh", sagte er. "Das wäre ein schönes Spielzeug für meine kleinen Katzen."
Der König wurde rot vor Zorn.
Er sprang in die Kutsche.
"Weiterfahren!", rief er dem Kutscher zu, und schon blieben die erstaunten Kinder in einer Staubwolke zurück.
Am nächsten Morgen saß der König müde beim Frühstück.
Ein Ei fiel ihm aus der rechten Hand. Es rollte quer über den Tisch. Bevor es zu Boden fallen konnte, fing es der König – ohne lange nachzudenken – mit der linken Hand auf.

„Hoppla!", dachte der König.

Er betrachtete erstaunt das Ei. Dann warf er es hoch in die Luft – und fing es wieder mit der linken Hand auf.

Wie gut das ging! Wie geschickt seine linke Hand war!

Der König war begeistert.

Den ganzen Tag lang machte er alles mit der linken Hand.

Er setzte sich mit der linken Hand die Krone auf, er kratzte sich mit der linken Hand die Nase, als sie juckte. Er schrieb sogar einen Brief mit der linken Hand.

Vieles fiel ihm mit der linken Hand sogar leichter als mit der rechten.

König Goldhand zog seinen rechten Handschuh aus und sah ihn lange nachdenklich an.

Das Essen wurde gebracht.

Der König nahm mit der linken Hand die Gabel und mit der rechten Hand das Messer – und dann ließ er sich das Mittagessen so richtig gut schmecken.

Er hob mit der rechten Hand das Glas und aß mit der linken ein Stück Brot.

„Ich kann euch beide gut gebrauchen", sagte er leise zu seinen beiden Händen.

Eine Stunde später stand die Kutsche des Königs auf jenem Platz, auf dem die Kinder, die Jungen und die Mädchen, gern mit dem Ball spielten.

Der König stieg aus der Kutsche und ging zu dem kleinen Jungen, der am Tag zuvor den Ball knapp vor seinem Kopf abgewehrt hatte.

„Ich habe ein Geschenk für dich", sagte der König. „Für dich und für deine kleinen Katzen."

Er reichte dem kleinen Jungen seinen goldenen Handschuh.

„Danke", sagte der Junge. „Meine Katzen werden sich freuen."
„So soll es sein", sagte der König.
Er sah zu, wie der Junge den goldenen Handschuh mit seiner linken Hand unter die Jacke schob.
„Übrigens, unsere beiden Hände sind Goldhände", sagte der König. „Die linke und die rechte!"
Der Junge nickte.
„Das weiß ich schon lange", sagte er. „Und viele andere wissen es auch."
Der König musste lachen. „Von dir kann ich viel lernen. Du solltest mich manchmal im Schloss besuchen kommen."
„Mach ich", sagte der Junge. „Aber jetzt wird erst einmal weitergespielt."
Er warf den Ball mit der linken Hand zu einem Mädchen.
Der König sah eine Weile dem Spiel zu, dann fuhr er zufrieden zurück ins Schloss.

Es gibt kein Wunder für den,
der sich nicht wundern kann.

Marie von Ebner-Eschenbach

Der Mut steht am Anfang,

das Glück am Ende.

Victor-Marie Hugo

Wer zur Quelle gehen will,
muss gegen den Strom schwimmen.

Volksgut

# Der verschwundene Prinz

Ein Märchen aus Island, neu erzählt

Es war einmal ein Prinz, der segelte mit seinem Schiff über alle Weltmeere. Er wollte die ganze Welt sehen. Eines Morgens geriet sein Schiff in eine gewaltige Nebelwolke.
Als sich der Nebel wieder verzog, war der Prinz verschwunden.
Keiner wusste, wo er geblieben war.

Sein Vater, der König, versprach eine hohe Belohnung und das halbe Königreich dazu – wenn man nur seinen Sohn wieder finden würde!
Reiche Seeleute und arme Matrosen, unerschrockene Abenteurer und wilde Piraten – sie alle machten sich auf die Suche nach dem verschwundenen Prinzen.
In kleinen und großen Booten durchkreuzten sie alle Meere, aber der Prinz war nicht zu finden.

Auch ein Mädchen, das mit ihren Eltern in einer kleinen Hütte am Meer lebte, machte sich eines Tages auf, um den Prinzen zu suchen.

Sie suchte an ungewöhnlichen Orten. Sie kletterte auf die Wipfel der höchsten Bäume, sie stieg in einen leeren Brunnen hinab, und sie traute sich sogar in die Höhle des Bären.

Aber der Prinz blieb verschwunden. Sie ging zurück zum Meer und dachte nach.

Da hob sich ein gewaltiger Kopf aus dem Wasser, und ein Wal sprach sie an. „Ich weiß, wo du suchen musst", sagte er. „Setz dich auf meinen Rücken. Wir machen eine kleine Reise."

Das Mädchen stieg auf den Rücken des Wals. Da saß sie, wie auf einem Gebirge mitten im Wasser, und der Wal schaukelte mit ihr vorsichtig durch die Wellen.

Nach langen Stunden kamen sie zu einer Insel. Der Wal zeigte auf eine Höhle in einem Felsvorsprung über dem Wasser.
Das Mädchen sprang von seinem Rücken, und in der nächsten Sekunde war der Wal verschwunden.
„Wie werde ich wohl zurückkommen?", dachte das Mädchen noch, dann schwamm sie zum nahen Felsen.
Sie kletterte hoch und stand in einer großen, hellen Höhle.
In der Ecke funkelte ein Bett aus Gold, und darauf lag – friedlich schlafend – der verschwundene Prinz.
Das Mädchen sah ihn lange an. Wie schön er war!
Aber – wie sollte sie ihn wecken?
Sie gab ihm einen Kuss auf die Stirn.
Der Prinz rührte sich nicht.
Da hörte sie ein Geräusch, draußen vor der Höhle, und rasch schlüpfte sie unter das Bett.
Zwei Schwäne tauchten in der Höhle auf, und neben ihnen stand eine Meerjungfrau mit langen hellen Haaren.

„Singt, meine Schwäne, singt! Der junge König soll erwachen!", rief die Meerjungfrau, und schon begannen die Schwäne zu singen.
Der Prinz öffnete die Augen.
„Willst du mich nun endlich heiraten und mit mir unter Wasser leben?", fragte ihn die Meerjungfrau.
„Nie und nimmer", sagte der junge Prinz. „Ich will nach Hause. Mein alter Vater wartet auf mich."
„Dann schlafe weiter", sagte die Meerjungfrau zornig und rauschte davon.
Wieder sangen die Schwäne, und wieder fiel der Prinz in einen tiefen Schlaf.
Das Mädchen hatte alles mit angehört. Es setzte sich an den Bettrand und rief mit leiser Stimme: „Singt, meine Schwäne, singt! Der junge König soll erwachen!"
Sofort waren die Schwäne wieder zur Stelle.
Ihr Gesang weckte den Prinzen, der erstaunt das Mädchen ansah, das gekommen war, um ihn zu befreien.
„Die Meerjungfrau hat mich im Nebel vom Boot gezogen und hierher gebracht", sagte der Prinz.
„Seither hält sie mich hier gefangen."
„Wir müssen von hier entkommen", sagte das Mädchen.
Sie dachte kurz nach.

„Die Meerjungfrau redet mit den Tieren. Vielleicht geht das auch mit den Dingen", sagte sie.

„Flieg, liebes Bett, flieg! Der junge König will nach Hause!", rief sie laut.

Als sich das Bett in die Höhe erhob, zog der Prinz sie rasch zu sich – und schon schwebte das Bett mit ihnen aus der Höhle.

Sie flogen übers Wasser dahin. Nur einmal sahen sie kurz die Meerjungfrau, die wütend die Arme aus dem Wasser hob. Ihre Macht beschränkte sich aber auf das Gebiet rund um ihre Insel, so konnte sie den beiden nichts mehr anhaben.

Das Mädchen und der Prinz kamen wohlbehalten nach Hause. Der alte König war überglücklich und schenkte ihnen das halbe Reich. Das goldene Bett stellten sie im Schloss auf, und alle kamen, um es zu bestaunen. Die beiden hatten ein langes und glückliches Leben. Und wenn sie nicht gestorben sind …

# DER FISCH IN DER TASCHE

### Ein Märchen aus England, neu erzählt

In lang vergangenen Tagen lebte ein berühmter König, der strenge König von Canterbury. Er hatte eine schöne, eigenwillige Tochter.
Alle Männer, die um ihre Hand anhielten, waren ihr zu verschlafen.
„Was soll ich mit einem Mann, der mit müden Augen und schweren Schritten durchs Leben geht!", sagte sie.
Sie ließ verkünden, sie würde nur einen Mann zur Frau nehmen, der die ganze Nacht bei ihr im Saal sitzen könne ohne auch nur einmal einzunicken.
Viele Ritter, Prinzen und Abenteurer hörten vom sonderbaren Wunsch der Prinzessin von Canterbury und machten sich auf den Weg zum Schloss.
Lange Nächte saß die Prinzessin mit jedem Gast im königlichen Saal.
Jeder Gast durfte im weichen Lehnstuhl Platz nehmen und wurde mit gutem Essen und viel Wein bewirtet.
Alle anderen im Schloss wurden zu Bett geschickt.
Nur die Prinzessin und ihr Gast blieben wach.
Die Prinzessin sprach kein Wort, und auch ihr Gast musste schweigen.
So saßen sie einander still gegenüber.
Nach einigen langen Stunden taten der schwere Wein und das Essen ihre Wirkung.
Der Gast wurde müde, und bevor er es merkte, waren ihm schon die Augen zugefallen.
So erging es vielen Rittern, Prinzen und Abenteuern, die ins Schloss gekommen waren.
Eines Tages hörte ein junger Schafhirte von der Prinzessin und der seltsamen Aufgabe, die es zu lösen gab.
Er trieb seine Herde in den Stall und verabschiedete sich von seinem Herrn. Er wolle im Schloss sein Glück versuchen …

Sein Weg führte durch einen schmalen Fluss. Der Schafhirte zog seine Schuhe und Strümpfe aus und stieg ins Wasser.

Da knabberte ein großer Fisch an seinen Zehen. Der Hirte fing ihn mit der Hand und steckte ihn in seine Tasche. Es kamen noch drei, vier andere Fische neugierig geschwommen, auch sie konnte er fangen und in seine Tasche stecken.

Als er am Abend im Schloss ankam, bat er, die Prinzessin sehen zu dürfen. Er würde gern die ganze Nacht bei ihr wachen.

Der Hirte wurde von der Prinzessin freundlich empfangen, der Tisch wurde reich gedeckt, ein Krug mit Wein wurde ihm gereicht.

Der Hirte war hungrig und durstig und ließ sich alles gut schmecken. Er war müde vom langen Weg.

Wenige Stunden nach Mitternacht war er eingeschlafen.

„Mein lieber Freund", sagte die Prinzessin. „Ich habe Euch wohl beim Einnicken ertappt!"

„Wo denkt Ihr hin!", sagte der Hirte und öffnete rasch seine Augen. „Ich bin grad eifrig am Fischen! Da muss man sich still verhalten!"

„Ihr seid am Fischen?", wunderte sich die Prinzessin. „Mitten im Saal? Ich sehe hier keinen Fischteich!"

„Das macht gar nichts", sagte der Hirte. „Ich habe in meiner Tasche gefischt!"
Dabei zog er einen großen Fisch aus seiner Tasche.
„Was für ein schöner Fisch!", rief die Prinzessin.

Sie holte ihren Vater, den König, und erzählte ihm, was geschehen war.
„Er fischt in seiner Tasche?", fragte der König ungläubig.
Der Hirte zog einen zweiten und einen dritten Fisch aus seiner Tasche.
Der Hirte gefiel der Prinzessin, die seine Ausrede längst durchschaut hatte.
„Er hat kein Auge zugetan", sagte sie zu ihrem Vater. „Er hat die ganze Nacht in seiner Tasche gefischt, um mir diese Fische zu schenken!"
Der Hirte überreichte ihr die drei Fische.
„Lasst es mich auch versuchen", sagte der König. „Ich will auch in meiner Tasche fischen!"

„Ich helfe Euch", sagte der Hirte und schob seine Hand in die Manteltasche des Königs. Er gab dem König einen Nadelstich, sodass er zusammenzuckte, und schob ihm rasch seinen vierten Fisch in die Tasche. Der König schaute vorsichtig in seine Manteltasche, dann zog er den Fisch mit zwei Fingern hervor.

„Seht Ihr! Es klappt!", rief die Prinzessin erfreut.

Sie umarmte zuerst ihren Vater und dann den Hirten, und schon nach drei Tagen wurde Hochzeit gefeiert.

So wurde aus dem armen Hirten ein reicher Königssohn, und sein schönster Reichtum waren seine Klugheit und die Klugheit seiner Frau …

# Will das Glück nach seinem Sinn

**W**ill das Glück nach seinem Sinn
dir was Gutes schenken,
sage Dank und nimm es hin
ohne viel Bedenken.
Jede Gabe sei begrüßt,
doch vor allen Dingen:
Das, worum du dich bemühst,
möge dir gelingen.

*Wilhelm Busch*

# Geh nicht dahin

**G**eh nicht dahin,
wo der Weg dich hinführt.
Geh dahin, wo es keinen Weg gibt,
und hinterlasse eine Spur.

*Ralph Waldo Emerson*

# DER SCHÜLER DES ZAUBERERS

**Ein Märchen aus Albanien, neu erzählt**

Es war einmal ein König, der wünschte sich so sehr Kinder, dass er einen Zauberer holen ließ.

„Ich verspreche dir alles", sagte der traurige König, „wenn nur meine Frau und ich bald lautes Kinderlachen in diesem Schloss hören können!"

„Ich kann dir wohl helfen", sagte der Zauberer. „Schon bald werdet ihr zwei Söhne haben. Erfreut euch an ihnen. Aber – den älteren Sohn werde ich mir zu gegebener Zeit als Schüler holen! Das ist mein Lohn!"

Der König gab dem Zauberer sein Versprechen – und hoffte, der Zauberer würde in einigen Jahren nicht mehr daran denken …

Der erste Sohn wurde geboren, bald auch der zweite – und beide Söhne brachten neues Leben ins alte Schloss.

Als der älteste Sohn seinen sechsten Geburtstag feierte stand plötzlich der Zauberer im Schloss.

„Denk daran, was du mir versprochen hast", sagte er zum König.

„Ich werde das Zaubern lernen, und dann komme ich wieder", sagte der Junge und ging ohne Furcht mit.

Die Jahre vergingen, und der Junge hatte jeden Tag größeres Heimweh.

Der alte Zauberer gab ihm nur wenig zu essen und sprach selten ein freundliches Wort.

Das Haus des Zauberers hatte 99 Räume. In jedem Zimmer gab es Schönes und Kostbares aus aller Welt – da einen seltenen Vogel, dort einen Edelstein oder Früchte, die der Junge noch nie gesehen hatte. Aber nichts war lebendig, alles sah aus, als wäre es aus Stein gemacht …
In alle Räume durfte der Junge hineingehen und sich umsehen, nur ein einziger Raum blieb immer versperrt.
Eines Morgens war die Neugier größer als die Furcht.
Als der Zauberer schlief, holte der Junge den Schlüssel zum verbotenen Zimmer und schlich zur Tür.
Als er sie öffnete, sah er wunderschöne weiße Pferde und große schwarze Hunde, auch sie standen wie versteinert im Raum.
Vor den Hunden lag Heu auf dem Boden, vor den Pferden ein paar Knochen. Als der Junge die Knochen und das Heu tauschte, wurden die Pferde und die Hunde lebendig, und aus allen Räumen des Hauses hörte man lautes Zwitschern und Bellen und Krächzen und Rufen.
„Du hast uns befreit!",
riefen die Hunde.
„Nun lauf, so schnell du
nur kannst!"
Der Junge rannte los.
Alle Tiere folgten ihm.
Kaum hatten sie das
Schloss verlassen,
war ihnen der wütende
Zauberer schon auf
den Fersen.
Der Junge warf sein kleines
Salzfass hinter sich, und
der Zauberer musste über
einen hohen Berg aus
Salz klettern.

Der Junge warf seinen Kamm hinter sich, und der Zauberer geriet in einen Wald mit hohen Bäumen.

Der Junge warf seinen Spiegel hinter sich, und der Zauberer stand vor einem gewaltigen See, den er nicht überqueren konnte.

Der Junge hatte es gut gelernt, das Zauberhandwerk ...

Der alte Zauberer kehrte in sein Haus zurück und wurde nie mehr gesehen.

Die Tiere strömten in alle Richtungen. Endlich waren sie frei.

Der Junge aber ging nach Hause, zum Schloss seiner Eltern, und wurde ein kluger, zauberhafter König.

## IN DER FREMDE

Wer seine Heimat verlassen muss – aus welchen Gründen auch immer –, wer von zu Hause weggehen muss, um in der Fremde ein neues Glück zu finden, der muss besonders mutig sein. Das Vertraute bleibt zurück, und mit jedem Schritt geht man einer neuen, ungewissen Zukunft entgegen.
Es tut gut, wenn man unterwegs Freunde findet – oder auf Menschen trifft, die einen aufnehmen. Das Wort „Gastfreundschaft" ist ein schönes Wort: Ein Gast wird zu einem Freund ...
Hier ist so eine Geschichte, in der drei Mal die Heimat verloren geht – und drei Mal ein neues Zuhause gefunden wird ...

# AUF UND DAVON!

„Langweiler!" – „Stummfisch!" – „Plüschkopf!"
In einem hohen Bogen flog Rodrian, der Plüschbär, aus dem Fenster.
„Danke und gute Reise!"
Wer brauchte schon einen kleinen schüchternen Bären?
„Schau dir den an! Das ist ein Ding!"
Die Kinder hatten einen neuen Bären bekommen, der „Hände hoch!" rufen konnte, und wenn man auf seinen Bauch drückte, dann sagte er: „Ich habe Hunger. Wo ist die Pizza? Ich habe Hunger! Wo ist die Pizza!"
Vergiss Rodrian! Gute Nacht, du Schlafmütze!
Jetzt wohnte Rodrian auf der Straße, und er hatte keine Ahnung, wie man so überleben konnte.
Er blieb lange stillsitzen, noch ganz erstaunt über seinen Flug durch die Luft.

„Mütze ab!" – „Kopf weg!" – „Zwergengesindel!"
Frederik konnte es nicht glauben. Ein Leben lang Gartenzwerg mit guten Manieren, zu Hause in einem gepflegten Garten, und plötzlich war alles anders.
„Ich hasse Gartenzwerge! Ich hasse Grünzeug! Wo ist der Bagger?"
Zum Glück konnte Frederik gerade noch entkommen. Fast hätte ihn die große Schaufel erwischt.

Alles umgraben! Garagen statt Gras! Weg mit dem Hasensalat!
Frederik ging und ging, er wollte sich gar nicht mehr umdrehen.
Oben der Himmel, unten die Straße, dazwischen er.
Das war alles, was er wusste.
Und dass sein Herz klopfte. So laut wie es noch nie zuvor geklopft hatte.
„Was für ein Trommelwirbel!", dachte Frederik und folgte einfach
der Straße.

„Schnabel halten!" – „Rausholen!" – „Ab in die Küche!"
Die Ente Bertha traute ihren Ohren nicht. Der alte
und der junge Koch standen vor ihrem Teich!
„Das ist die letzte! Die muss in den Topf!
Schnapp sie dir!"
Bertha tauchte unter. Endlich konnte
sie zeigen, was für eine
Taucherin in ihr steckte.
Erst weit draußen – beim
Schilfgürtel – hob sie
vorsichtig den Kopf aus
dem Wasser.
„Entenleber und
Rotkraut! Her mit
dem Federvieh!"
Bertha schwamm
ans andere Ufer und
machte sich rasch aus
dem Staub.
„Der Staub der Landstraße, jetzt
lern ich ihn kennen!", dachte sie traurig. „Nie wollte
ich meinen Teich verlassen. Aber die Umstände haben sich geändert.
Manchmal hat man einfach keine Wahl. Da muss man auf und davon!"

Und so trippelte Bertha die staubige Landstraße entlang, und der Himmel über ihr kam ihr vor wie ein gewaltiger, unerreichbarer See ...

Die Stille nach dem Abschied. Die Einsamkeit nach der Flucht.

Die Schwere nach dem raschen, ersten leichten Schritt.

All das lernten Rodrian, Frederik und Bertha bald kennen, und jeder musste allein damit zurechtkommen.

Rodrian ging durch die Straßen, vorbei an hohen Mauern und dunklen Häusern.

Frederik zog über die Felder, und nirgends war ein Haus zu sehen, bei dem er bleiben wollte.

Bertha stolperte über die Wiesen, ihre Flügel waren zu alt zum Fliegen, so kam sie nur langsam weiter, und alle Grashalme ringsum kamen ihr so hoch vor wie Bäume ...

„Gerade noch hatte ich ein zu Hause, und jetzt bin ich überall zu Hause und dadurch nirgendwo", dachte Rodrian.

„Gerade noch war meine Welt in Ordnung, und jetzt weiß ich gar nicht mehr, welche Ordnung das war", dachte Frederik.

„Gerade noch war mein Ententeich meine Welt, und jetzt ist die ganze Welt ein riesiger Ententeich, aber wo ist das Wasser?", dachte Bertha.

So liefen sie alle drei vor ihrem alten Leben davon und geradewegs aufeinander zu.

Auf der Kreuzung vor der Stadt trafen sie einander, und jeder von ihnen blieb stehen um nachzudenken.

„Hier sind drei Straßen", dachte Rodrian. „Eine bin ich gekommen, zwei kenne ich noch nicht."

„Hier sind drei Wege", dachte Frederik. „Einer ist mir nur zu gut bekannt, aber welchen von den zwei anderen unbekannten soll ich wählen?"

„Hier sind drei Richtungen", dachte Bertha. „Aus einer Richtung komme ich, in zwei andere kann ich laufen. Aber will ich das?"

Neben einer Wiese stand eine Bank.

Und weil sie Zeit zum Nachdenken brauchten, gingen alle drei gleichzeitig zur Bank.

„Bitte schön!", sagte Rodrian.

„Bitte schön!", sagte Frederik.

„Bitte schön!", sagte Bertha.

Endlich saßen sie alle drei nebeneinander auf der Bank unter dem weiten Himmel.

„Was für Wolken!", sagte Rodrian.

„Was für lange Straßen!", sagte Frederik.

„Was für hohe Gräser!", sagte Bertha.

Dann schwiegen sie.

„In meine Richtung würde ich nicht gehen. Da ist es mir nicht gut ergangen", sagte Rodrian und deutete auf die Straße, auf der er gekommen war.

„In meine Richtung sollte man auch nicht gehen", sagte Frederik. „Das könnte ein schlimmes Ende nehmen." Er zeigte auf die zweite Straße.

„In meine Richtung würde ich auch niemanden gehen lassen", sagte Bertha. „Das könnte gefährlich werden." Ihr linker Flügel wies zur dritten Straße. Sie saßen still auf der Bank und schauten die drei Straßen an.

„Dann wird es schwierig", sagte Rodrian.

„Das stimmt", sagte Frederik.

„Eindeutig", sagte Bertha.

Sie dachten lange nach.

„Wenn es hier nicht gut ist für uns, dann kann es anderswo nur besser sein", sagte Rodrian.

„Hier sind wir Fremde, und mehr als Fremde können wir anderswo auch nicht sein", sagte Frederik.

„Hier geht's um Kopf und Kragen, und mehr als Kopf und Kragen können wir auch anderswo nicht verlieren", sagte Bertha.

„Dann wird es Zeit für einen neuen Weg", sagte Rodrian und stand auf.

„Mitten durch", sagte Frederik.

„Einfach dem Schnabel nach", sagte Bertha und ging voraus, quer über die Wiese.

Am Abend standen sie am Meer.

„Das ist der größte Ententeich, den ich je gesehen habe", sagte Bertha und sprang glücklich ins Wasser.

„Das ist anders als der Garten, den ich kenne", sagte Frederik und machte ängstlich einen Schritt zurück.

„Das ist wie Regen von unten", sagte Rodrian und beschnupperte sein feuchtes Fell.

Bertha entdeckte andere Enten und entschied sich zu bleiben.

„Es ist fremd hier, aber doch vertraut", sagte sie und schloss sich einer Entenfamilie an, die sie freundlich begrüßte.

Rodrian und Frederik lauschten den Wellen des Meeres und wussten nicht, wohin.

„Zurück ist nicht vorwärts!", sagte Rodrian nachdenklich.

„Beim Vorwärts gibt es vielleicht kein Zurück!", sagte Frederik.

Da sahen sie in der Nähe ein weißes Schiff am Rande des Meeres.
„Das muss ein Dampfer sein", sagte Rodrian. „Kinder, die ich kenne, haben mir Bilder in einem Buch gezeigt!"
„Ich habe eine Schwäche für schöne gepflegte Häuser", sagte Frederik. „Sogar, wenn sie auf dem Wasser schwimmen."
Stunden später waren Rodrian und Frederik auf hoher See, und der Fahrtwind blies ihnen ins Gesicht.
„Wo immer wir hinfahren, wir werden irgendwo ankommen", sagte Rodrian.
„Wo immer wir landen, es wird für uns ein neues Land sein", sagte Frederik.

Sie suchten sich einen Platz im Schatten.
Lange waren sie auf dem Wasser.
Sie sahen andere Schiffe an ihnen vorbeifahren.
Sie sahen die Wolken am Himmel.
Sie sahen die Möwen über ihren Köpfen.
Sie sahen eine Insel in der Ferne.
Sie sahen einen Delfin über dem Wasser.
Sie sahen einen hohen weißen Turm in der Ferne.
Das Schiff legte an. Männer und Frauen – eingehüllt in lange weiße Tücher – standen am Hafen und warteten.
Alle schienen durcheinander zu reden, irgendwo hörte man einen Mann singen, und überall roch es nach fremden Blumen und exotischen Gewürzen.
„Hier sieht keiner aus wie ich", sagte Rodrian leise.
„Hier bin ich der einzige, der eine spitze Mütze trägt", sagte Frederik.
Sie verließen heimlich das Schiff, und beide hatten Angst in der fremden Stadt, die ihnen fremder erschien als alles, was sie je gesehen hatten.

Die Sprache war fremd, die Gesichter der Menschen waren fremd, die Gerüche waren fremd, die Klänge ringsum waren fremd, der Geschmack der Luft war fremd.

Als aber eine Frau und ein Kind sich zu ihnen hinabbeugten und das Kind herzlich lachte, da waren ihnen weder das Kind noch die Frau noch das Lachen fremd.

Das waren vertraute Frauenhände, die sie berührten, das waren vertraute Kinderaugen, die sie anstarrten, das war ein vertrautes Kinderlachen, mit dem sie begrüßt wurden.

„Ihr scheint hier fremd zu sein", sagte die Augen der Frau. „Wenn ihr wollt, könnt ihr bei uns wohnen, so lange ihr wollt."

Rodrian nickte, und schon wurde er vom lachenden Kind an der Hand genommen.

Frederik nickte, und schon saß er im Korb der Frau und ließ sich tragen ...

Alles war anders, als Rodrian und Frederik es sich je vorgestellt hatten, und doch fühlten sie sich bald zu Hause.

Rodrian kam in ein Kinderzimmer, in dem schon andere Tiere auf ihn warteten – Tiere aus Holz und Papier, aus Draht und Wolle ...

Frederik kam in den Garten, es war ein Garten mit Steinen und stachligen Blumen und wenig Gras, aber er sah hell und freundlich aus, und Frederik bekam einen Platz im Schatten, mit schöner Aussicht auf die weiße Stadt und das Meer ...

Bald kannten Rodrian und Frederik viele Kinder und Erwachsene aus der Stadt. Tanten, Onkel, Freunde, Nachbarn, alle wussten viel zu erzählen und kamen gern ins Haus.

Rodrian und Frederik wurden anfangs bestaunt und vorsichtig betastet, aber bald gehörten sie einfach zur Familie, und es war so, als wären sie immer schon da gewesen.

Das Leben ging seinen Gang, und die Jahre vergingen.
Manchmal, wenn alle schliefen, trafen sich Rodrian und Frederik oben auf der Dachterrasse des weißen Steinhauses.
Sie schauten aufs dunkle Meer und hinauf zu den strahlenden Sternen, und oft sprachen sie lange kein Wort.
Jeder dachte an sein altes Zuhause, und an sein neues Zuhause, und dann seufzten beide, und beide wussten: So wie es war, war es gut.
„Wir haben Glück gehabt", sagte Rodrian eines Nachts. „Für uns ist die Fremde nicht lange fremd geblieben. Anderen wird es wohl anders ergehen."
„Da hast du recht", sagte Frederik. „Es hätte auch anders kommen können. Wir sind hier fremd, und doch fühlen wir uns zu Hause. Wir haben die richtigen Leute getroffen."
„Schade, dass es die nicht überall gibt", sagte Rodrian und dachte an seinen Flug aus dem Fenster.
„Ich weiß genau, was du meinst", sagte Frederik und dachte an die große Schaufel, die ihn beinahe erwischt hätte.
Dann redeten sie von Bertha und ihrem Treffen auf der Straße und Rodrian rief: „Einfach dem Schnabel nach!"
„Mitten durch", sagte Frederik, und dann mussten beide lachen.
Und so redeten und schwiegen und lachten sie, bis es hell wurde.

## Kleiner Mann

Ich kannte einmal einen,
der war der Kleinste der Kleinen.
Er war zerbrechlich und so zart
und hatte trotzdem einen Bart.

# Krieg

Sechsundsechzig Sechs-Tage-Kriege
suchen verzweifelt einen Sieger.
Schließlich entscheiden sie sich für den,
der sagt: „Was soll das Ganze? Auf Wiederseh'n!"

## FLIEGEN LERNEN

Was ist Mut?

Diese Frage kann man gar nicht oft genug stellen.

Ich glaube, es ist zum Beispiel auch mutig, wenn man einen Wunsch oder eine Idee hat und sich davon nicht abbringen lässt.

Wenn man unbeirrt seinen Weg geht, auch wenn die anderen sich wundern und einen dafür belächeln.

Der Mut zum eigenen Weg zahlt sich aus: Der eine findet seine Honigberge, der andere lernt fliegen …

## BÄRENHUNGER

„Ich habe Hunger!", brummte Ben, der Bär, beim Aufwachen.
„Großen Hunger! Bärenhunger!"
Er saß vor seiner Höhle und blinzelte in die Sonne.
„Du musst zu den Honigbergen gehen!", flüsterte ihm eine Biene ins Ohr und sauste summend davon.
Ben schaute ihr lange nach. Dann machte er sich auf den Weg.
„Kennst du die Honigberge?", fragte Ben die Katze, die ihr Fell in der Sonne wärmte.

„Oh ja", sagte die Katze. „Sie liegen gleich neben dem Milchsee."
„Und wo ist der Milchsee?"
„Wenn ich das wüsste ...", seufzte die Katze und schloss schläfrig die Augen.
„Kennst du die Honigberge?", fragte Ben den Hund, der gerade einen Knochen in der Erde vergrub.
„Oh ja!", bellte er. „Die sind gleich neben den riesigen Knochentürmen."
„Und wo sind die riesigen Knochentürme?"
„Das weiß kein Hund", sagte der Hund. „Zumindest kein Hund, den ich kenne."
Er verschwand mit der Schnauze im Erdloch.
„Kennst du die Honigberge?", fragte Ben die Maus, die ihm über den Weg lief.
„Oh ja", sagte sie. „Die stehen hinter der großen Käsepyramide. Das ist die mit den vielen Löchern. Man riecht sie schon von Weitem."

„Und wo ist die große Käsepyramide?"
„Glaubst du, ich wäre noch hier, wenn ich das wüsste?", piepste die Maus und rannte weiter.
„Kennst du die Honigberge?", fragte Ben den Raben, der vor ihm auf einem Stein saß.
„Oh ja", sagte der Rabe. „Da musst du über die Brot-Brücke. Sie führt dich geradewegs hin."
„Und wo ist die Brot-Brücke?"
„Das weiß niemand genau", sagte der Rabe. „Vielleicht hat sie aber auch schon jemand aufgegessen ..."
„Kennst du die Honigberge?", fragte Ben die Schildkröte, die von einem Salatblatt zupfte.
„Oh ja", sagte sie. „Da musst die über die hundert Salatberge. Dann bist du da."
„Und wo sind die Salatberge?"
„Ich hab einmal von ihnen geträumt", sagte die Schildkröte. „Aber das ist viele Jahre her. Ich kann mich nicht mehr erinnern."

„Kennst du die Honigberge?", fragte Ben den Hasen, der ihn neugierig anschaute.

„Oh ja", sagte der Hase. „Du musst zuerst durch den Karottenwald. Dann findest du sie."

„Und wo ist der Karottenwald?"

„Oje", sagte der Hase. „Da musst du meine Frau fragen. Und die ist gerade auf Urlaub am karottenroten Meer. Tut mir leid!"

Ben blieb stehen.

„Ich habe Hunger", dachte er. „Bärenhunger!"

Vor lauter Hunger wurde es ihm ganz honiggelb vor Augen.

„Ätsch!", flüsterte ihm da eine Stimme ins Ohr. „Reingelegt! Es gibt gar keine Honigberge!"

Die kleine Biene flog aufgeregt summend um Bens Kopf herum.

„Glaub ich nicht!", rief Ben. „Ich riech was!"

Er kletterte den Hügel hinauf – und da waren sie.

Und sie waren noch viel größer, als er gedacht hatte.

# Bleibe nicht am Boden heften

Bleibe nicht am Boden heften,
frisch gewagt und frisch hinaus!
Kopf und Arm mit heitern Kräften,
überall sind sie zu Haus.
Wo wir uns der Sonne freuen,
sind wir jede Sorge los.
Dass wir uns in ihr zerstreuen,
darum ist die Welt so groß.

*Johann Wolfgang von Goethe*

# Über den Wolken

Über den Wolken
lauschen die Sterne,
hinter den Nebeln
lächelt die Ferne.
Brich durch die Ängste,
fliege, mein Mut!
Deine Gestirne
führen dich gut.

*Hermann Kurz*

# HERR ZIBRILLO LERNT FLIEGEN

Herr Zibrillo ist Schauspieler. Er liebt seinen Beruf und das Leben auf der Bühne. Wenn die anderen Schauspieler frei haben und nicht ins Theater müssen, dann gehen sie ins Kino oder zu einem Fußballspiel, oder sie fahren ans Meer.

Herr Zibrillo verschwindet in seiner Werkstatt.

Schon als sehr kleiner Herr Zibrillo hatte er einen großen Traum. Er wollte fliegen – mit Hilfe eines selbst erfundenen Fluggerätes.

Natürlich weiß Herr Zibrillo, dass es Flugzeuge und Hubschrauber gibt, und Reisebüros, in denen man einen Flug rund um die Welt buchen kann. Aber Herr Zibrillo will es anders schaffen.

„Ich werde mich eines Tages in die Lüfte erheben. Einfach so!"

Daran glaubt er. Und so bastelt er in jeder freien Minute an den unglaublichsten Fluggeräten.

In seiner Werkstatt stehen die sonderbarsten Erfindungen.

Da gibt es ein altes Fahrrad mit einem aufgespannten schwarzen Regenschirm, ein großes Papierflugzeug, das so groß ist, dass es niemand werfen kann, da gibt es einen Flug-Sessel mit eingebauter Batterie, ein Ruderboot mit Flügeln und vieles mehr …

Herr Zibrillo ist ein eigensinniger Erfinder. Seine Erfindungen sehen zwar alle wunderschön aus, aber sie funktionieren nicht.

Auch die Luftmatratze mit dem Riesenpropeller und der Fliegende Teppich, den er selbst gewebt hat, steigen nicht in die Luft.

Herr Zibrillo ist mutig. Er probiert alle seine Erfindungen selbst aus.

Er rollt mit dem Fahrrad den steilsten Hügel hinunter.
Er rudert mit seinem Boot den Fluss hinab, so schnell er nur kann.
Er stellt den Flug-Sessel auf das Dach seines Hauses und schaltet die Batterie ein.
Aber – was er auch versucht: Herr Zibrillo fliegt nicht.
Er stürzt mit seinem Fahrrad und landet im Gebüsch.
Er fährt mit seinem Boot gegen den Felsen und rudert müde an Land.
Er nimmt seinen Flug-Sessel und trägt ihn zurück in die Werkstatt.
Eines Tages baut Herr Zibrillo eine Zwitschermaschine. Einfach so.
Weil Sonntag ist. Zum Zeitvertreib.
Sie ist so klein, dass er sie in die Tasche stecken kann.
Herr Zibrillo spaziert zu einer Wiese.
Er stellt sich ins hohe Gras und lässt die Zwitschermaschine in seiner Tasche zwitschern, dass es eine Freude ist.
Ohne es zunächst selbst zu merken, hebt sich Herr Zibrillo langsam in die Luft. Bald schwebt er zwei, drei Meter über dem Boden.
Er beugt sich nach vor. Wunderbar leicht liegt er in der Luft.

Er streckt die Arme aus und bewegt sie vorsichtig.
Es funktioniert!
Während es zwitschert und zwitschert in seiner Tasche fliegt Herr Zibrillo über die Wiese und über den Wald und viel weiter noch, bis er müde wird.
Er landet weich auf der Wiese und schaltet die Zwitschermaschine ab.
Dann geht er zufrieden vor sich hin pfeifend nach Hause.
Am nächsten Nachmittag steht Herr Zibrillo wieder als Schauspieler auf der Bühne. Ein neues Stück ist angekündigt.
Herr Zibrillo holt plötzlich die Zwitschermaschine aus seiner Tasche und lässt es im Theater zwitschern.
Dann steigt er langsam hoch und dreht ein paar Runden über den Köpfen der erstaunten Zuschauer.
Nach und nach erheben sich alle im Saal.
Auch die anderen Schauspieler schweben summend und lachend durch die Luft.
Bald fliegen alle Zuschauer, die Kinder und die Erwachsenen, kreuz und quer durchs Theater.
Ein fliegender Theaterkritiker schreibt noch in der Luft:

„Sensation! Das müssen Sie gesehen haben! ‚Herr Zibrillo lernt fliegen' ist das Stück der Saison!"
Am späten Abend geht Herr Zibrillo noch einmal spazieren.
Er greift nach der Zwitschermaschine in seiner Tasche.
„Nur eine kleine Runde", sagt er leise und hebt die Arme.

## AN DER LEINE

Fred ist mit Cornelia auf einer Wiese.
Cornelia schläft auf einer Decke. Die Leine liegt neben ihr.
„Was für ein Hundeleben!", denkt Fred. „Viel zu oft an der Leine, und viel zu selten frei auf der Wiese!"
Er schleicht auf Pfotenspitzen zur Decke und holt sich vorsichtig die Leine.
Während Cornelia schläft, vergräbt Fred die Leine hinter einem Busch.
Es ist bereits die dritte in diesem Monat.
Als Cornelia aufwacht, schaut sie sich verwundert um.
Fred liegt im Gras.
Er gähnt herzhaft und tut so, als hätte er geschlafen.
Cornelia sucht überall nach der Leine.
„Sie wird es schon noch lernen", denkt Fred und wälzt sich zufrieden im Gras.

## DIE SCHWARZE WOLKE

Besonders mutig finde ich es, wenn man sich traut, über Gefühle zu reden.

„Ich bin traurig."

Das zuzugeben, das gehört zum Mutigsten überhaupt. Wer redet schon gern über seine Traurigkeit?

Hier ist so eine Geschichte von einer dunklen Wolke, in die man eines Tages geraten kann.

Die Geschichte erzählt aber auch, wie man wieder herauskommt, aus dieser schwarzen Wolke …

# Papa, Jona und der Wal

Papa hat mir die Geschichte vom Mann erzählt, der von einem Wal verschluckt wird.
Jona hieß er, und die Geschichte steht irgendwo in der Bibel.
Komische Vorstellung. Kommt ein Wal und schluckt dich.
Na ja ... Vorher ist Jona natürlich ins Wasser gefallen.

„Ich hab mich auch schon oft so gefühlt, als würde ich untergehen", hat mein Papa gesagt. „Und von einem Wal bin ich auch verschluckt worden.
Oder zumindest war es so ähnlich:
Ich bin von einer großen schwarzen Wolke verschluckt worden.

Ich hab keine Luft mehr bekommen, mein Herz hat geklopft und ich hab gewusst, dass jetzt etwas passiert ist.
Ich war so traurig wie noch nie in meinem Leben.
Ich war mitten in dieser schwarzen Wolke.
Ich wusste nicht, wo sie anfängt und wo sie aufhört.
Ich bin einfach auf meinem Platz sitzen geblieben und hab mir gedacht: Irgendwann muss ich hier wieder raus. Aber ich weiß nicht, wie ich das machen soll.
Ich war plötzlich unglaublich müde.
Der Mann aus der Bibel, dieser Jona, hat auch im Bauch des Wals gesessen und nicht gewusst, was er machen soll. Aber er hat viel über sich und sein Leben nachgedacht, und eines Tages hat ihn der Wal wieder aufs Land gespült. Da hat er dann wieder festen Boden unter seinen Füßen gespürt.
So ist es mir auch gegangen.
Ich hab nachgedacht über diese schwarze Wolke. Und über meine Müdigkeit, die wahrscheinlich nur eine große Traurigkeit war.
Ich hatte gerade meine Arbeit verloren und hatte nur noch finstere Gedanken. Alles erschien mir sinnlos und anstrengend.
Und plötzlich war sie da, diese dunkle Wolke – wie ein gewaltiger schwarzer Wal –, und hat mich verschluckt.
Da war ich ganz schön erschrocken.
Finsterer konnte es nicht mehr werden.
Zuerst war ich wie versteinert. Ich konnte mich gar nicht bewegen.
Aber dann bekam ich Sehnsucht nach etwas Licht.
Ich wollte, dass es heller wird. Ich hab an alles gedacht, was ich gern hab: an dich, an deine Mutter, an unser Haus, an das Meer, an viele Sachen.
Und ganz langsam habe ich mich besser gefühlt.
Ich war nicht mehr so müde und so schwer, und die schwarze Wolke schien auch plötzlich nicht mehr ganz so finster zu sein.
Ich bekam wieder Luft, und mein Herz klopfte auch nicht mehr so stark.
Ich stand auf und begann mich vorsichtig zu bewegen.

Ich ging ein paar Schritte, und dann noch ein paar, und plötzlich war ich aus der Wolke draußen.

Ich stand wieder auf festem Boden, so wie dieser Jona.

Ich war aus dem Bauch des Wals geklettert. Ich war wieder an Land."

Papa sah mich ängstlich an. Ob ich das wohl verstehen würde, das mit der schwarzen Wolke, und das mit dem Wal?

Ich nickte.

Ich war schon oft genug traurig gewesen, da hatte mich auch eine schwarze Wolke verschluckt.

Papa nahm mich in die Arme.

„Morgen habe ich ein Vorstellungsgespräch, für eine neue Arbeit", sagte er. „Und übermorgen habe ich auch ein Gespräch. Und überübermorgen auch. So lange, bis ich wieder eine Arbeit habe."

Ich drückte mich an ihn.

Ich war froh, dass Papa mir das alles erklärt hatte, das mit der schwarzen Wolke und dem Wal, und das mit seiner Traurigkeit.

Ich hatte schon gedacht, ich wäre schuld. Weil er immer so unglücklich ausgesehen hatte, in den letzten Wochen.

Aber jetzt wusste ich, dass es wegen der Arbeit war und wegen dieser Wolke, die ihn geschluckt hatte.

Und nicht wegen mir!

„Ist es diesem Jona dann wieder gut gegangen, nach der Geschichte mit dem Wal?", fragte ich.

„Oh ja!", sagte Papa. „Er wurde sehr glücklich."

„Und er ist gar nicht mehr ins Wasser gefallen?", fragte ich.

Papa lachte.

„Das wahrscheinlich schon. Wir fallen alle mal ins Wasser. Aber das heißt ja noch lange nicht, dass man gleich von einem Wal verschluckt wird. Und sogar wenn: Jona hat ja gezeigt, dass man wieder heil herauskommen kann!"

„Du bist auch wie Jona. Du hast aus der schwarzen Wolke herausgefunden!", sagte ich stolz.

„Das stimmt", sagte Papa nachdenklich. „Und ab jetzt werde ich aufpassen, dass ich nicht mehr von ihr verschluckt werde!"
Wir holten uns einen Zeichenblock und dann zeichnete ich, wie Papa eine schwarze Wolke in der Hand hält und sie einfach wegwirft, wie einen großen schwarzen Ball aus Luft.

## Mein Zauberspruch

Wenn ich nach Hause komm,
sag ich: „Zimberlimberlom!"
Das ist mein Zauberspruch.
Er beseitigt jeden Fluch.

## Phönix

Phönix, schönes Feuertier,
was lernen wir von dir?
Nichts geht je verloren,
aus der Asche wirst du neu geboren.
Du stehst wieder auf, die Flügel gespannt.
Ich hoffe, wir sind miteinander verwandt!

# Zip, das Zebra ohne Streifen

Zip, das Zebra, liebte es, durchs hohe Gras zu laufen. Das kitzelte so schön an den Beinen. Oben strömten die Wolken über den Himmel, und unten, auf der Erde, galoppierte Zip ihnen begeistert hinterher.
Eines Morgens lief Zip geradewegs in eine gewaltige Wolke hinein, die mitten auf dem Weg auftauchte. Sie war plötzlich da.
So, als wäre sie vom Himmel gefallen oder als hätte sie sich verirrt.
Zip erschrak kurz, dann rannte er einfach durch die Wolke hindurch. Sollte er vor einer Wolke Angst haben?
In der Wolke war es kühl und nass. Ein paar Augenblicke lang wusste Zip nicht, wo vorne und hinten, wo oben und unten war … Aber dann spürte er schon wieder die Sonne und den Wind auf seinem Fell, und die sonderbare Wolke war wieder verschwunden. Zip blickte sich um.

Die Wolke flog davon wie ein weißer Vogel, der in die Höhe stieg und immer kleiner und kleiner wurde …
Zip wunderte sich, aber nur kurz, dann rannte er rasch weiter. Er wollte ein paar Freunde besuchen, die beim Felsen neben dem Fluss wohnten.
„Was ist denn mit dir passiert?", fragte die Giraffe, als sie Zip sah.
Alle sahen ihn erstaunt an.
Der Elefant trompete laut, der Löwe brüllte, die Maus piepste – und bald waren viele Tiere um Zip versammelt.
„Du bist kein Zebra mehr", sagte die Giraffe. „Deine Streifen sind verschwunden."
Zip hatte es selbst gesehen. Seine schwarzen Streifen waren weg.
„Du bist jetzt ein weißes Pferd", sagte der Leopard.
„Ein Zebra ist ein Zebra. Und ein Pferd ist ein Pferd", sagte Zip wütend.
„Ich muss irgendwo meine Streifen verloren haben."

Er dachte an die sonderbare Wolke: Ob sie damit zu tun hatte?
Er erzählte den Tieren davon.
„Solche Wolken gibt es", sagte eine alte Schildkröte. „Ich habe schon öfter davon gehört. Man kommt anders heraus, als man hineingelaufen ist."
„Wolke hin oder her – du bist kein Zebra mehr", sagte der Leopard.
„Schau uns an! Jeder von uns hat etwas Besonderes, woran man ihn sofort erkennt!"

Er sprang auf einen kleinen Felsen und zeigte stolz sein Fell.

„Flecken wie ein Leopard!", rief er.

„Eine Mähne wie ein Löwe", rief der Löwe und schüttelte seine Haare.

„Eine Haut wie eine Schlange", zischte die Schlange und ließ ihre Schlangenhaut in der Sonne schimmern.

„Einen langen Hals wie eine Giraffe", sagte die Giraffe.

„Ein Horn wie ein Nashorn!", brummte das runde Nashorn.

„Ein Schild wie eine Schildkröte", sagte die alte Schildkröte müde.

„Einen langen Schwanz wie eine Maus", piepste die kleine Maus.

„Einen Rüssel wie ein Elefant", sagte der Elefant und spritzte Zip mit Wasser an. Zip ärgerte sich.

„Zebra bleibt Zebra!", rief er. „Mit und ohne Streifen!"

Dann lief er einfach los, ohne lange nachzudenken. Er wollte nur weg von den anderen und allein sein. Zip lief und lief. Er war so lange auf den Beinen, bis er vor Durst und Müdigkeit kaum mehr stehen konnte.

Bei einem kleinen See ruhte er sich aus. Er trank vom Wasser.

Als er sein Spiegelbild sah, wich er erschrocken zurück.

Da beugte sich ein weißes Pferd übers Wasser ... Zip schnaubte wütend.

Nein, das war kein weißes Pferd.

Das war er, Zip, das Zebra! Zip, das Zebra ohne Streifen!

Zip lief immer weiter. Er traf viele Tiere unterwegs.

„Wer oder was bist du denn?", fragten sie ihn erstaunt.

Bald wussten alle Tiere Bescheid. „Hier kommt Zip, das Zebra ohne Streifen!"

Manche machten sich über ihn lustig, andere wurden neugierig und stellten unzählige Fragen. Manchen war es schlicht und einfach egal, ob Zip nun Streifen hatte oder nicht. Sie waren viel zu sehr mit ihrem eigenen Leben beschäftigt.

Allmählich gewöhnte sich Zip daran, ein Zebra ohne Streifen zu sein.

Einmal träumte Zip, dass er durch eine Winterlandschaft mit viel Schnee lief. Er war so weiß wie der Schnee ringsum und fast nicht zu sehen. Das gefiel ihm.

Dann träumte er von großen Zebraherden, die durchs Land zogen und ihn auslachten, sobald sie sein weißes Fell sahen …

Er hatte auch sonderbare Träume, in denen alle Tiere plötzlich Zebrastreifen hatten und ganz fremd aussahen.

Wochen und Monate vergingen.

Zip lebte beim Felsen am Fluss, und er hatte ein gutes Leben. Keiner fragte ihn mehr nach seinen Streifen, und einige Freunde hatten längst andere Sorgen.

Der Löwe verletzte sich am Bein und konnte nicht mehr so gut laufen wie früher.

Der Leopard geriet in ein Buschfeuer und kam mit einem schwarz versengten Schweif zurück.

Das Nashorn rannte im Zorn gegen einen Baum und brach sich ein kleines Stück vom Horn ab.

Der Elefant hatte immerzu einen Schnupfen, weil er zu viel mit dem kalten Wasser spielte.

Die kleine Maus blieb mit ihrem langen Schwanz an einem Strauch hängen.

Die Giraffe hatte oft Halsweh, vom kühlen Wind, und die Schlange war so verliebt, dass ihr alle Zebras dieser Welt vollkommen egal waren.

Eines Morgens sah ihn die Giraffe verwundert an.

„Du bist schon wieder nicht mehr du", sagte sie.

Zip dachte nach. „Wie meinst du das?"

„Du hast zwei Streifen bekommen", sagte die Giraffe.

Zip sah sich sein Fell an – tatsächlich, da waren zwei Streifen.

„Vielleicht kommt noch einer", sagte der Löwe. „Könnte gut aussehen."

„Oder alle Streifen kommen zurück", sagte der Leopard. „Dann bist du wieder ein normales Zebra."

Zip schüttelte den Kopf.

„Ich will gar kein normales Zebra sein. Ich will ein besonderes Zebra sein. Egal, ob mit oder ohne Streifen."

Er holte einen Farbtopf und einen Pinsel.

„Falls heute kein neuer Streifen mehr von selber kommt – hat jemand Lust, mir zu helfen?"

Ein paar Stunden später hatte Zip neue wunderschöne Streifen – neben den zwei schwarzen Streifen leuchtete sein Fell rot und blau und gelb ...

„Jetzt hat ihn schon wieder eine Wolke erwischt", sagte die alte Schildkröte, als Zip mit seinen bunten Streifen an ihr vorbeilief.

Sie schüttelte den Kopf.

„Dieser Junge hat jetzt schon mehr erlebt als ich in 120 Jahren ..."

Dann schaute sie ihm lange nach.

Zip galoppierte zufrieden über die Wiesen.

Oben strömten die Wolken über den Himmel, und unten kitzelte ihn das hohe Gras an den Beinen.

### WENN DAS HERZ KLOPFT

Wann braucht man besonders viel Mut?
Keine Frage: Wenn man verliebt ist!
Das Herz klopft und macht einen Trommelwirbel nach dem anderen in der Brust, nur der Mund ist irgendwie nicht da.
Er sagt kein Wort.
Ja, er will nicht einmal aufgehen.
Komisch. Niemand zu Hause, da oben?
Man steht da, und das Herz trommelt – und dann ist der andere auch schon wieder weg.
Hat er oder sie die Trommel nicht gehört?
Naja, vielleicht geht es ihm oder ihr ja genauso.
Viel Herzklopfen auf beiden Seiten – und keiner sagt etwas.
Hm. Aber das lässt sich ändern.
Man braucht nur ein ganz klein wenig Mut …

# Beim großen Baum

„Na, das kann ja was werden!", sagte mein großer Bruder, als er Elf und mich beim großen Baum sah.

„Wir bauen ein Haus", sagte Elf. „Und was für eines!"

Mein Bruder schaute uns an, dann den Baum, dann die Schaufeln und die Bretter im Gras.

Kopfschüttelnd ging er zurück ins Haus.

„Das wird kein Baumhaus", sagte ich. „Das wird ein Haus, das so groß ist wie ein Baum. Mindestens."

Elf nickte.

„Das wird eine Baumburg. Ein Baumschloss!"

Ich sah schon alles deutlich vor mir.

„Wir könnten einen Turm bauen!", sagte ich. „Neben dem Baum!"

„Oder einen Palast!", rief Elf. „Einen Palast unter der Erde! Mit einem unterirdischen Haus zwischen den Wurzeln!"

Ich war beeindruckt.

Ich nahm die Schaufel und wollte schon zu graben anfangen.

Elf schüttelte den Kopf.

„Glashaus", sagte sie. „Ich bin für ein
Glashaus. Durchsichtig wie Luft."
Ich schaute mir die Luft um uns herum an.
Und die drei Glasscherben auf dem Boden.
„Das wird schwierig", sagte ich.
Vor mir lag ein Ball in der Wiese.
„Wir bauen ein Kugelhaus", sagte ich. „Rund
um den Baum herum. Ein fußballrundes
Kugelhaus!"
Elf ging drei Mal um den Baum herum.
„Hm. Es gibt schon verrückte Häuser."
Sie schien nicht gerade begeistert von
der Idee mit dem Kugelhaus.
Ich schoss den Ball weg.
„Ein Brücken-Haus", rief ich. „Wir bauen eine
Brücke von einem Baum zum anderen, und
mitten auf der Brücke steht ein Haus."
Elf runzelte die Stirn.
„Ein Haus z w i s c h e n zwei Bäumen? Ein
Haus mitten in der Luft?"
Die Katze strich an meinen Beinen vorbei und
sah uns neugierig an.
Elf und ich standen einfach nur da
und schauten den Baum an.
Keiner sagte ein Wort.
Der Wind strich uns
durchs Haar.
„Schön hier", sagte Elf.
„Finde ich auch", sagte ich.
„Toller Baum", sagte Elf.
Sie lehnte sich an den
Baumstamm.

Ich stand da und fühlte mich wohl.
Ich war gern mit Elf zusammen.
Elf hieß eigentlich Elfriede.
Aber Elf gefiel mir besser. Und ihr auch.
„Am Schönsten wäre eine Schaukel", sagte Elf plötzlich.
Sie stellte sich unter einen dicken Ast und blickte nach oben.
„Das haben wir gleich!", rief ich.
Ich begann den Baumstamm hochzuklettern, rutschte über den dicken Ast.
Zwei Seile, ein Brett – fertig war die Schaukel!
„Aber jetzt!", sagte Elf.
Wir segelten abwechselnd durch die Luft.
Über uns rauschten die Blätter.
„Ich kann fliegen!", rief ich laut in den Himmel hinein.
Als es dunkel wurde gingen wir zurück ins Haus.
„Na, wie geht´s?", fragte mein großer Bruder.
„Wir schaukeln das schon", sagte Elf.

## Seit ich dich kenne

Seit ich dich kenne
kommst du in jedem Buch vor,
das ich lese.
Du spielst in jedem Film mit,
den ich sehe.
Du stehst auf jeder Bühne.
Du kommst an jedem Bahnhof an
und fährst bei jedem Gleis ab.
Seit ich dich kenne
sitzt du in jedem Restaurant.
Du gehst über jede Wiese,
fährst mit jedem Fahrrad,
schaust aus jedem Fenster.
Ich treffe dich im Schwimmbad,
beim Eislaufen,
in jedem Park.
Seit ich dich kenne
sehe ich dich überall.

# VERLIEBT!

Unser Hund Fred hat plötzlich einen weißen Schatten.
Auf der Hundewiese weicht seit Tagen eine weiße Hündin nicht von seiner Seite.
Sie laufen so knapp nebeneinander her, dass kein anderer Hund sie stören kann.
Fred zeigt seiner neuen Freundin seine Lieblingsplätze:
Das Versteck unter dem Fliederbusch, das Erdloch hinter dem Baumstamm, die nicht gemähte Wiese mit den hohen Gräsern, die das Fell kitzeln.
Eines Morgens – auf der Hundewiese – sind Fred und seine weiße Freundin verschwunden.
Cornelia ruft und ruft, aber Fred taucht nicht auf.
Auch die Frau, zu der die weiße Hundedame gehört, ruft umsonst.
Da entdeckt Cornelia ein Loch im Bretterzaun.
Sie schiebt die Bretter zur Seite und schaut hindurch.
Nun sieht sie die beiden.
Fred und seine Freundin sind zum Fluss gelaufen.
Sie springen ins Wasser, schütteln sich das Fell trocken, rollen miteinander im Gras.
„Wir sollten die beiden nicht stören", sagt Cornelia zur Frau, die mit der Leine neben ihr steht.
„Ist es nicht schön, wenn man verliebt ist?"
„Das ist es", sagt die Frau. „Es gibt nichts Schöneres."
Sie setzen sich beide ins Gras und schauen zu, wie die weiße Hündin und ihr schwarzer Schatten vergnügt über die Wiese tollen.

# Das Glücksmädchen

### Ein Märchen aus der Ukraine, neu erzählt

Es war einmal ein Kaufmann, der hatte nur einen Sohn.

„Für dich ist das Beste gerade gut genug", sagte der Vater zum Sohn. „Ich kenne ein reiches Mädchen, hier in der Stadt. Sie soll deine Frau sein. Ich habe mit ihrem Vater schon alles vereinbart!"

„Du hast mit ihrem Vater gesprochen? Lass mich lieber mit meinem Herzen sprechen", sagte sein Sohn. „Ich werde eine Weile in der Welt umherwandern, und wenn ich ein Mädchen treffe, das meinem Herzen gefällt, dann komme ich mit ihr zurück."

„Das soll mir recht sein", sagte sein Vater. „Geh nur los und komme mit einer reichen, schönen Frau zurück!"

Der Sohn des Kaufmanns packte seinen Rucksack und wanderte los. Er ging durch blühende Wiesen und über hohe Berge, er kam in kleine Dörfer und in große Städte. Aber kein Mädchen wollte ihm gefallen.

Dafür musste er immer öfter an die Dienstmagd denken, die im Haus der Eltern schwer zu arbeiten hatte ...

Eines Tages verirrte sich der Junge im Wald.

Plötzlich stand er vor einer alten Holzhütte, die sich immerzu vor seinen Augen zu drehen schien.

Als sie für eine Sekunde stillstand, schlüpfte der Junge rasch zur Tür hinein.

Ein alter Mann mit weißen Haaren begrüßte ihn freundlich.

Er sah aus, als wäre er ganz aus weißem glitzernden Schnee.

„Ich bin das Glück", sagte der alte Mann und führte den Jungen zum Tisch.

Er gab ihm reichlich zu essen und zu trinken.
Neben dem Ofen in der Ecke standen drei kleine Stühle, einer aus Gold, einer aus Silber und einer aus Kupfer.
„Was hat es mit diesen Stühlen auf sich?", wollte der Junge wissen.
„Wenn ich bei der Geburt eines Kindes auf dem goldenen Stuhl sitze, dann wird das Kind viel Glück haben in seinem Leben. Beim silbernen Stuhl ist es immer noch recht glücklich, beim kupfernen wird es um sein Glück kämpfen müssen."
„Auf welchem Stuhl habt Ihr bei meiner Geburt gesessen?", fragte der Junge aufgeregt. „Könnt Ihr Euch noch erinnern?"
„Oh ja", sagte der alte Mann. „Es war der kupferne ..."
Der Junge dachte nach.
„Und bei der Dienstmagd im Haus meines Vaters – wisst Ihr noch, wo Ihr da gesessen habt, als sie geboren wurde?"
Der alte Mann nickte. „Da saß ich auf dem silbernen. Sie ist ein Mädchen, das dir Glück bringen wird."

Der Sohn des Kaufmanns legte sich zufrieden schlafen. Am nächsten Morgen kehrte er nach Hause zurück.

Er erzählte seinem Vater, dass er immerzu an die Dienstmagd gedacht habe – sie wolle er zur Frau nehmen.

„Oh, du armer Narr", rief der Vater. „Willst du mir so eine Schande bereiten? Hier hast du mein Hochzeitsgeschenk!"

Er gab seinem Sohn fünfzehn Rubel und jagte ihn aus dem Haus.

Der Junge und die Magd heirateten und zogen in eine leerstehende Hütte.

Von den fünfzehn Rubeln kaufte die Frau einen Eimer voll Kohlen.

Als sie die Kohlen zu Hause in die Hand nahm, um damit den Ofen zu heizen – da war aus den Kohlen pures Gold geworden.

„Ich wusste es", rief der Junge und nahm sie in die Arme. „Mit dir habe ich mein Glück gefunden!"

Die beiden sind ein glückliches Paar geworden.

Du kannst sie gerne besuchen!

Sie leben im nächsten Dorf, gleich neben der Brücke …

## SCHÖN UND STARK!

Kennt ihr das Gefühl?

Man hat etwas Schönes bekommen oder gebastelt oder entdeckt, und dann will man das allen zeigen. Gleich. Sofort. Jetzt!

Oder man fühlt sich gerade unbesiegbar oder wunderschön – und die anderen haben gar keinen Blick dafür. Sie sind mit anderen Dingen beschäftigt.

Da braucht es dann schon viel Überwindung, um nicht einfach beleidigt wegzulaufen.

Wer es dann auch noch schafft, den anderen zuzuhören und sich auf ihre Ideen einzulassen – der hat ein großes Herz.

Und er ist mutig. Er hat den Mut zu Veränderungen.

# Heut' bin ich groß!

Max springt aus dem Bett.
„Heut' bin ich groß!", sagt er.
Er schaltet die Stehlampe an und stellt sich davor.
Ein riesiges Schattenungeheuer ist plötzlich an der Wand zu sehen.

Max geht ins Badezimmer.
„Heut' bin ich groß!", sagt er.
Er steigt auf einen Stuhl. Im Spiegel an der Wand sieht man nur seine langen Beine.
Max spaziert in die Küche.
„Heut' bin ich groß!", sagt er. „Und ich habe einen Riesenhunger!"
Sofort springen zwei, drei Schokoladenfrösche in seinen Mund.

Max geht in sein Zimmer.
Er holt sich eine Hose und einen Pullover aus dem Schrank.
„Heut' bin ich groß!", sagt er zu seinen Stofftieren.
Die Giraffe macht ihren Hals noch länger.
Max läuft in den Hof hinaus.
„Heut' bin ich groß!", sagt er zu Lisa, die auf der Bank sitzt.
„Zum Glück ist der Himmel hoch genug", sagt Lisa. „Da kannst du nicht oben anstoßen."
Max holt zwei Stelzen aus dem Keller.
Die hat sein Vater einmal für ihn gemacht.
Max stolziert auf seinen Stelzen vor Lisa auf und ab.
„Heut' bin ich größer als groß!", ruft Max.
„Verkühl dich nicht da oben!", sagt Lisa.
Sie hat eine Lupe in der Hand und starrt auf eine Ritze zwischen den Steinen.
Max springt von seinen Stelzen. Er klettert auf die Hofmauer.
„Heut' bin ich groß!", sagt er. „Groß wie ein Haus!"
„Pass auf, dass du keinen Dachschaden kriegst!", sagt Lisa.
Sie sitzt auf dem Boden und schaut durch ihre Lupe.
Max stellt sich auf die Bank.
„Heut' bin ich groß!", sagt er laut.

Lisa hört gar nicht zu.

„Was machst du?", fragt Max.

„Ich schau mir die Ameisen an", sagt Lisa. „Was die alles schleppen! Die müssen ganz schön viel Kraft haben. Obwohl sie so klein sind! Pass auf, dass sie dir die Stelzen nicht wegtragen!"

Max setzt sich zu Lisa auf die Bank.

Sie gibt ihm die Lupe.

„Alle Achtung!", sagt Max.

Der alte Herr Berger kommt in den Hof.

Er hat ein Buch in der Hand. Er beugt sich zu Max und Lisa hinunter.

„Na?", fragt er. „Was machen unsere zwei Kleinen?"

„Wir schauen uns was Großes an!", sagt Lisa.

Dann sitzen sie alle drei auf dem Boden und sehen zu, wie eine winzige Ameise einen riesigen Strohhalm quer über den Hof trägt.

## Heut' bin ich schön!

Max sitzt auf dem Boden.
Seine Mutter hat ihm einen schwarzen Umhang und einen alten Hut geschenkt.
Max schneidet goldene Papiersterne aus und klebt sie auf den Umhang und den Hut.
Er bindet sich den Umhang um und setzt den Hut auf.
„Heut' bin ich schön!", sagt Max.
Stolz geht er im Zimmer auf und ab.
Max geht ins Badezimmer.
„Heut' bin ich schön!", sagt er zu seinem Spiegelbild.
Das Spiegelbild hebt grüßend den Hut.
Max setzt sich in die Küche zu seinen Eltern.

Die Sterne auf seinem Umhang und auf seinem Hut blinken im Licht.

„Heut' bin ich schön!", sagt Max feierlich.

„Das sehe ich!", sagt seine Mutter. „Schadet Kakao der Schönheit?"

Max überlegt kurz. Dann schüttelt er den Kopf.

„Na, dann bin ich beruhigt", sagt sein Vater.

Er stellt Max eine Tasse auf den Tisch.

Max saust durch die Wohnung.

Sein glitzernder Mantel spiegelt sich in den Fensterscheiben.

„Heut' bin ich schön!", ruft Max.

Der Mantel mit den leuchtenden Sternen sieht aus wie der Flügel eines Engels.

Max geht in den Hof.

Der alte Herr Berger sitzt auf einer Bank und liest in einem Buch.

„Heut' bin ich schön!", sagt Max.

Er dreht sich im Kreis.

„Das blendet ja richtig!", sagt Herr Berger. „So viel Gold auf einmal!"

Max sieht Lisa aus dem Treppenhaus kommen.

Sie trägt eine Schuhschachtel. Sie geht ganz langsam.

„Heut' bin ich schön!", sagt Max.

„Schön für dich", sagt Lisa ohne ihn anzusehen. Sie achtet nur auf die Schuhschachtel in ihren Händen.

In der Schachtel bewegt sich etwas.

„Das sind ja Meerschweinchen!", ruft Max.

Lisa stellt die Schachtel auf den Boden.

„Heut' bin ich schön!", sagt Max.

Er läuft über den Hof und lässt den Umhang flattern.

Lisa sieht Max zu.

„Weißt du, was schön wäre?", sagt sie.

„Wenn ich deinen Umhang und deinen Hut haben könnte. Für die Meerschweinchen! Damit können wir ihnen Nester bauen!"
Max muss schlucken.
„Du willst meine Sachen für die Meerschweinchen haben?"
„Warum nicht?", sagt Lisa. „Die freuen sich sicher noch mehr als du über das Glitzerzeug!"
Max seufzt.
Dann gibt er Lisa den Umhang und den Hut mit den goldenen Sternen.
„Komm!", sagt Lisa. „Die Nester bauen wir gemeinsam!"
Sie hält Max ihre zwei Meerschweinchen hin. „Du darfst sie ruhig in die Hand nehmen und streicheln!"
Bald sind sie so beschäftigt, dass Max gar nicht mehr zum Nachdenken kommt.
Ein Meerschweinchen klettert ihm auf den Kopf und knabbert an seinen Haaren.
Lisa nimmt es herunter.
Sie muss lachen.
Max ist ganz zerzaust.
„Weißt du was?", sagt Lisa.
„Jetzt find ich dich wirklich schön!"

# Auch Indianer kennen den Schmerz

Es ist ein schöner Sonnentag. Wir sind im Garten.
„Was wollen wir heute sein?", fragt mein Vater.
Ich muss nicht lange nachdenken.
„Indianer!", rufe ich laut.
„Eine gute Wahl", sagt mein Vater. „Aber Indianer brauchen einen eigenen Namen. Wie sollen wir uns nennen?"
Ich denke kurz nach. „Ich glaube, den Namen muss man sich irgendwie verdienen. So steht es in meinen Indianerbüchern."
„Einverstanden. Dann fangen wir mit deinem Namen an. Was würde zu dir passen?"
Eine Wespe fliegt vorbei. Ich verscheuche sie mit einer raschen Handbewegung.
„Da haben wir es!", ruft mein Vater. „Du heißt ‚Schnelle Hand'."
Der Name gefällt mir. Aber für meinen Vater fällt mir nichts ein. Er legt sich ins Gras und gähnt.
Neben ihm bewegt sich etwas Grünes.
„Jetzt weiß ich deinen Namen", sage ich. „Müde Heuschrecke."
Mein Vater nickt.
„So soll es sein, Schnelle Hand", sagt er zufrieden. „Müde Heuschrecke wird sich jetzt ausruhen."
Dann schließt er die Augen und macht es sich im Gras gemütlich.
Ich lasse ihn nicht schlafen.
„Indianer sind mutig. Sie malen sich manchmal wild an", sage ich zu ihm. „Das nennt man dann Kriegsbemalung."
„Und wie sehen sie dann aus?", fragt mein Vater.
„Hm. Sie haben zum Beispiel rote Farbe auf der Wange oder auf der Stirn oder irgendwo im Gesicht."

Die Squaw des Häuptlings, meine Mutter, kommt aus dem Haus. Sie ist schön angezogen und hat sich geschminkt. Ihre Lippen leuchten rot. An ihren Augen schimmert etwas gelb und grün.

„Ich gehe dann zu dieser Feier", sagt meine Mutter.

„Verstehe", sagt mein Vater. „Kriegsbemalung. Viel Glück!"

Meine Mutter sieht ihn verwundert an.

„Wenn du Verstärkung brauchst, schicke uns Rauchzeichen", sage ich besorgt.

Meine Mutter schaut uns beide lange an.

„Ich bin mir nicht sicher, ob ich euch wirklich allein lassen soll", sagt sie mit einem tiefen Seufzer. Dann geht sie los.

Mein Vater und ich suchen im Badezimmer nach einem Lippenstift.

Jetzt haben wir auch eine Kriegsbemalung.

Wir kämpfen kurz gegeneinander.

Dann rauchen wir die Friedenspfeife.

Die Friedenspfeife ist ein langer Grashalm.

Ich ziehe daran, dann reiche ich ihn feierlich an Müde Heuschrecke weiter.

„Ich weiß noch etwas über Indianer", sage ich laut. „Indianer kennen keinen Schmerz. Das hört man oft!"

„Aua!", sagt mein Vater. „Allein wenn ich diesen Satz höre habe ich schon Schmerzen. Er kann also nicht stimmen. Denn ich bin eindeutig ein Indianer. Ich bin der gefürchtete Krieger Müde Heuschrecke."

Ich lasse nicht locker. „Aber Indianer sollten nicht zu empfindlich sein! Was sind das sonst für Indianer!"

„Die besten Indianer spüren alles. Auch den Schmerz", sagt mein Vater. „Ein Indianer muss den Regen und den Wind und die Hitze und die Kälte und überhaupt alles spüren. Er muss ja wissen, was ihm und den anderen gut tut. Und wenn einer keinen Schmerz spürt, dann spürt er sonst auch nichts!"

Er zwickt mich fest in den Oberarm.

„Aua!", rufe ich erschrocken.

„Guter Indianer", sagt mein Vater und hält mir seinen Arm hin.

„Indianer müssen manchmal lautlos sein, so lautlos wie der Wind", sagt mein Vater „Wenn sie sich anschleichen, dann darf sie nicht einmal der Baum dort hören."

„Der alte Nussbaum", frage ich erstaunt. „Hört uns der überhaupt?"

„Natürlich", sagt mein Vater. „Der hört alles."

Er beugt sich zu meinem linken Ohr.

„Ich versuch einmal, dem Baum näher zu kommen. So lautlos wie möglich."

Er geht auf Zehenspitzen durchs Gras. Einmal raschelt etwas, dann stößt sein Schuh gegen einen Stein.

„Leiser wird's nicht!", flüstert er.

„Oh doch!", sage ich. „Ich bin schon beim Baum."

Er schaut mich fragend an. „Aber du hast dich nicht vom Fleck gerührt. Wie willst du schon beim Baum sein?"

„Ich habe mich mit den Augen angeschlichen", sage ich leise. „Ich sehe den Riss dort in der Rinde, die kleine Höhle im Stamm, und da oben wächst ein kleiner Zweig heraus. Ich bin ganz dort, obwohl ich hier stehe."

„Kluger Indianer", sagt mein Vater anerkennend. „Aber ich weiß noch etwas: Indianer müssen manchmal auch richtig laut sein. Laut und mutig! Damit sie andere so richtig erschrecken können!"

Wir schauen uns kurz an.

Dann laufen wir mit lautem Gebrüll auf den Baum zu.

## Es war eine lustige Wendeltreppe

Es war eine lustige Wendeltreppe.
Dann kam eine ernste würdige Schleppe
und hat gerauscht und hat sich gebläht
und sprach: „Ich bin eine Majestät."
Da lachte die Wendeltreppe munter
und warf die Schleppe acht Stufen runter.

*Joachim Ringelnatz*

## MIT LÖWENMUT

Manchmal würde ich gerne die Sprache der Tiere verstehen.
Das Schnurren der Katze, das Bellen der Hunde, das Brummen
der Bären – zu gerne wüsste ich, was sie uns sagen wollen.
Tiere sind geheimnisvolle, schöne, wundersame Wesen.
Viele Märchen erzählen von Tieren, von verzauberten und
von echten ...
Oft braucht es viel Mut in diesen Geschichten. Denn da stehst
du plötzlich einem Bären gegenüber oder einem Löwen ...

# Das Schloss des Bären

Ein Märchen aus Lettland, neu erzählt

Es war einmal ein Bauer, der lebte allein mit seiner Tochter. Seine Frau war gestorben, so musste er sich allein um das Mädchen kümmern.
Die Jahre vergingen, und aus dem Mädchen wurde eine hübsche junge Frau.
Eines Tages beschloss der Bauer, seine Verwandten zu besuchen.
Sie wohnten hinter dem großen Wald.
„Ich werde allein gehen", sagte der Bauer zu seiner Tochter. „Achte du auf unser Haus! Ich bin bald wieder zurück."
Er spannte sein Pferd vor den Wagen und fuhr los.
Der Weg führte durch den dunklen Wald.
Aber bevor er sich noch fürchten konnte, hatte er den großen Wald auch schon hinter sich gelassen.
Das Haus seiner Verwandten war leicht zu finden.
Sie freuten sich, ihn zu sehen, und er verbrachte schöne Tage mit ihnen.
Dann machte er sich auf den Heimweg zu seiner Tochter.
Wieder führte der Weg mitten durch den Wald, aber plötzlich schien der Weg einfach im Dickicht aufzuhören. Man sah nur noch Bäume und Sträucher ringsum und hohe Gräser, durch die der Wind pfiff.
Es wurde allmählich dunkel.
Der Bauer fuhr mit seinem Wagen einmal in die eine Richtung, dann in die andere, aber kein Weg führte aus dem Wald hinaus.
Da sah er ein Licht in der Ferne.
Er fuhr geradewegs darauf zu, und auf einmal teilte sich das Dickicht, und der Bauer stand vor einem alten Schloss, das mitten im Wald lag.
Er stieg verwundert vom Wagen.
Noch nie hatte er so ein Gebäude gesehen!
Das Tor zum Schloss war offen. Der Bauer trat ein, um nach dem Weg zu fragen, oder nach einem Quartier für die Nacht.

Er ging durch lange Gänge und hohe Räume, er stieg über viele Treppen und kam in prachtvolle Zimmer.

Aber es war kein Mensch zu sehen.

Da stand plötzlich ein Bär vor ihm.

„Was wünschst du?", fragte der Bär mit tiefer dunkler Stimme.

Der Bauer fiel vor Schreck auf die Knie.

„Ich … ich habe mich verirrt", stammelte der Bauer. „Ich suche den Weg durch den Wald … und … und ein Quartier für die Nacht."

„Du kannst hier bleiben", sagte der Bär. „Ich bin allein. Leiste mir Gesellschaft. Ich habe genug zu essen für uns beide."

So blieb der Bauer, und schon bald merkte er, dass seine Furcht vor dem Bären grundlos gewesen war. Der Bär war freundlich zu ihm, er brachte ihm zu essen und zu trinken und zeigte ihm ein Bett für die Nacht. Als der Bauer in der Früh erwachte, stand schon ein Frühstück auf dem Tisch.

„Ich danke dir für alles", sagte der Bauer. „Aber nun will ich mich wieder auf den Weg machen."

„So fahre nur", sagte der Bär.

Der Bauer bestieg seinen Wagen und fuhr los. Aber wohin er sein Pferd auch lenkte, immer führte der Weg zum Schloss zurück.

So stand der Bauer am Abend wieder vor dem Schloss im Wald, und wieder gewährte ihm der Bär Einlass.

Am nächsten Morgen fuhr der Bauer wieder los, und wieder sagte der Bär freundlich: „So fahre nur."

Aber wieder brachten ihn alle Wege zurück zum Schloss …

So vergingen viele Tage und Nächte, und was der Bauer auch versuchte, er fand keinen anderen Weg als den Weg zum Schloss.

„Zeig mir den Weg nach Hause. Meine Tochter wartet auf mich", sagte der Bauer eines Abends zum Bären.

„Ich zeige dir den Weg", sagte der Bär. „Aber nur, wenn du mir dafür deine Tochter zur Frau gibst."

„Das kann ich nicht!", rief der Bauer. „Das darfst du nicht verlangen!"

Am nächsten Morgen stieg er früh auf seinen Wagen.

Es musste einen Weg durch den Wald geben!

Aber in welche Richtung er auch fuhr, er landete stets beim Schloss des Bären.

Der Bauer musste an seine Tochter denken, die er allein im Haus zurückgelassen hatte.

„Sie wird sich große Sorgen machen", dachte er.

Er ging zum Bären und sagte: „Zeig mir den Weg nach Hause. Ich werde dir meine Tochter bringen."

Der Bär war erfreut.

„So fahre nur", sagte er und zeigte ihm einen Weg.

Der Bauer fuhr los – und wirklich, der Weg führte geradewegs zurück zu seinem Haus.

Die Tochter hatte schon sehnsüchtig auf ihren Vater gewartet.

„Ist dir etwas zugestoßen?", fragte sie besorgt.

Da setzte er sich zu ihr und erzählte ihr, was er erlebt hatte.

„Ich habe versprochen, dich ins Schloss zu bringen", sagte er. „Sonst hätte ich dich nie mehr wiedergesehen!"

„Der Bär hat dir nichts Böses getan. Er wird auch mir nichts Böses tun", sagte seine Tochter ruhig. „Ich habe keine Angst. Lass uns morgen zum Schloss fahren!"

Am nächsten Tagen fuhren sie zum Schloss, und es war, als würde das Pferd mit dem kleinen Wagen ganz allein den Weg dorthin finden.

Der Bär erwartete sie.

Der Tisch war festlich gedeckt, und dem Mädchen und ihrem Vater fehlte es an nichts.

Nach einigen Tagen fuhr der Bauer nach Hause zurück. Seine Tochter blieb beim Bären im Schloss ...

Der Bär behandelte die Tochter des Bauern gut.

Bald war sie verliebt in ihn, denn er hatte ein freundliches Wesen und versuchte, ihr alle Wünsche zu erfüllen.

„Wenn er doch nur kein Bär wäre!", dachte die Tochter des Bauern, die gern im Schloss im Wald lebte.

Jede Nacht zog sich der Bär in sein Zimmer zurück, um dort allein zu schlafen.

„Vielleicht verbirgt er ein Geheimnis vor mir?", überlegte die Tochter des Bauern.

Eines Abends schlich sie zu seinem Zimmer und spähte durch einen Türspalt. Da sah sie, dass der Bär aus seinem Fell schlüpfte.

Nur der Bärenkopf blieb ihm, sonst aber war er ein junger Mann.

Die Tochter des Bauern wusste nun um das Geheimnis des Bären.

Aber wie konnte ihm geholfen werden? Wie konnte sie ihn aus seiner Verzauberung erlösen?

Jetzt erst verstand sie die Traurigkeit des Bären, der tagsüber so freundlich und liebevoll zu ihr war und der jeden Abend mit schweren Schritten in seinem Zimmer verschwand ...

Eines Nachts wartete die Tochter des Bauern bis der Bär schlief, dann schlich sie in sein Zimmer. Sie nahm das Bärenfell und hielt es nachdenklich in der Hand. Dann warf sie es mit einer raschen Bewegung ins Feuer.

Das Fell verbrannte mit einem lauten Zischen. Erschrocken rannte die Tochter des Bauern aus dem Zimmer.

Noch in dieser Nacht wurde der Bär schwer krank.

Sieben Tage und sieben Nächte lang hatte er hohes Fieber. Er wälzte sich im Bett und rief laut im Traum. Er konnte keine Ruhe finden.

Die Tochter des Bauern saß Tag und Nacht an seinem Bett und machte sich große Vorwürfe: Was hatte sie getan? Sie hatte dem verzauberten Bären doch nur helfen wollen, aus Liebe zu ihm, aber jetzt war alles noch schlimmer geworden …

Erschöpft schlief sie – Nacht für Nacht – neben seinem Bett ein.

Als sie am achten Tag erwachte, war der Zauber gelöst.

Ein junger Mann saß vor ihr auf dem Bett – der Prinz, dem das Schloss gehörte … Er fiel ihr glücklich um den Hals.

Durch einen bösen Zauber war er in einen Bären verwandelt worden, sie aber hatte ihn durch ihren Mut und durch ihre Liebe gerettet.

Nur drei Tage später wurde Hochzeit gefeiert, und aus allen Ecken des Landes kamen die Freunde, um mit ihnen zu feiern.

Auch der alte Bauer feierte mit seiner Tochter und ihrem Bräutigam, und weil es ihm so gut im Schloss gefiel, beschloss er einfach, zu bleiben …

So lebten sie alle gemeinsam im Schloss, und wenn sie nicht gestorben sind, dann leben sie noch heute.

In welchem Wald dieses Schloss zu finden ist?

Wer's sagen kann, der will's nicht.

Wer's sagen will, der kann's nicht …

# Das Mädchen aus Schnee und der kleine Hund

**Ein Märchen aus Russland, neu erzählt**

Es waren einmal ein Mann und eine Frau, die konnten keine Kinder bekommen. Sie schauten oft den Kindern der anderen zu, die durchs Dorf rannten und lachten und Schneebälle warfen und wurden sehr traurig.

Da nahm die Frau eines Tages einen der Schneebälle, der ihr vor die Füße gerollt war und trug ihn nach Hause.

Sie legte ihn in einen Topf und sagte: „Da liegt mein kleines Mädchen aus Schnee, wir wollen es gut schlafen lassen."

Und dann sang sie ein Schlaflied und deckte den Topf mit einem Tuch zu. Der Mann wunderte sich, aber er sagte kein Wort.

Am nächsten Morgen hörten die beiden ein leises Rufen im Topf, und als sie das Tuch wegnahmen, da sprang ein kleines Mädchen aus dem Topf, schön und weiß wie Schnee.

„Liebes Schneemädchen", sagte die Frau. „Sei unsere Tochter und bleibe bei uns!"

Und so lebte das Schneemädchen bei der alten Frau und beim alten Mann in der Hütte, und es fehlte ihr an nichts.

Einmal wurde es neugierig auf die Welt draußen vor der Hütte, auf den dunklen Wald und die Tiere darin.

Als die Frau und der Mann Holz holten, schlich es zur Tür hinaus, und schon stand es zwischen dunklen hohen Bäumen.

Es lief los, einmal in die eine, dann in die andere Richtung, überall gab es viel zu schauen, und plötzlich kam ihr alles fremd vor, und sie wusste nicht mehr, welchen Weg sie gekommen war.

„Komm mit mir, kleines Mädchen", brummte der Bär. „Ich bringe dich nach Hause."

„Du bist mir nicht geheuer", rief das Schneemädchen und lief weiter.

„Komm mit mir, kleines Mädchen", fauchte der Wolf. „Ich bringe dich nach Hause."

„Du bist mir nicht geheuer", rief das Schneemädchen und lief weiter.

„Komm mit mir, kleines Mädchen", flüsterte der Fuchs. „Ich bringe dich nach Hause."

„Du bist mir nicht geheuer", rief das Schneemädchen und lief weiter.

„Komm mit mir, kleines Mädchen", bellte ein kleiner Hund, den das Schneemädchen aus dem Dorf kannte. „Ich bringe dich nach Hause."

„Dich kenn ich gut. Mit dir habe ich schon oft gespielt", rief das Schneemädchen erleichtert und rannte auf den kleinen Hund zu.

Er lief voraus, und sie folgte ihm, und so fanden sie beide gut ins Dorf zurück.

Der alte Mann und seine Frau waren glücklich und erleichtert, ihre kleine Tochter wiederzusehen. Und weil der kleine weiße Hund kein festes Zuhause hatte, und einmal da und einmal dort sein Futter suchte, durfte er von nun an im Haus bleiben.

Er wurde der beste Freund und Beschützer des kleinen Schneemädchens, und wenn sie nicht gestorben sind, dann laufen sie heute noch gemeinsam durch das Dorf und durch die Wälder.

Wo du das Schneemädchen und ihren Freund finden kannst?

Geh drei Mal um den ersten Baum und vier Mal um den letzten, dann such die Mitte und davon den Rand – und schon kannst du ihr weißes Kleid in der Sonne aufblitzen sehen …

# Die drei Geißlein und die Wespe

### Ein Märchen aus Spanien, neu erzählt

Es war einmal eine alte Geiß, die lebte mit ihren drei Kindern in einem kleinen Haus im Wald. Jeden Morgen ging sie auf die Wiese, um Gras und Kräuter für die Geißlein zu suchen. Sie schloss die Tür fest zu und ermahnte ihre Kinder, nur ja niemandem zu öffnen, denn im Wald lebte ein Furcht erregendes Ungeheuer.

Als die Geiß eines Tages wieder zur Wiese ging, da sah sie in einem Bach eine kleine Wespe, die ins Wasser gefallen war.

Die Geiß hielt ihren Vorderfuß ins Wasser, und so konnte die Wespe wieder ins Trockene klettern.

„Ich bin nur eine kleine Wespe, aber ich habe eine große Familie", sagte die Wespe, die noch ganz nass war. „Vielleicht können wir dir auch einmal helfen! Wenn du in Not bist, dann komm einfach zu unserem Nest und ruf laut nach uns."

Die Geiß bedankte sich für das Angebot, sie zupfte noch ein paar Kräuter und ging zufrieden nach Hause, wo ihre Kinder schon ungeduldig warteten.

Als die Geiß sich am nächsten Morgen wieder auf den Weg zur nahen Wiese machte, schlich das Ungeheuer aus dem Wald zum Haus der kleinen Geißlein und rief mit verstellter Stimme: „Hier ist eure Mutter, ich hatte Glück. Ich bin schon wieder zurück!"

Die drei Geißlein öffneten erfreut die Tür. Als sie das Ungeheuer aus dem Wald vor sich sahen, rannten sie kreuz und quer durch das Haus. Jedes versteckte sich so gut es konnte. Das Ungeheuer stolperte und polterte durchs Haus und suchte nach ihnen.

Als die Geiß nach Hause kam, sah sie durch die offene Tür das Ungeheuer durchs Haus stolpern. Die drei Geißlein hatten sich auf dem Dachboden versteckt und schauten erschrocken aus einem kleinen Dachfenster.

Die Geiß rannte so schnell sie nur konnte zum Wespennest.

„Liebe Wespen! Ich brauche eure Hilfe!", rief sie laut. „Das Ungeheuer ist in meinem Haus!"

Sogleich kamen alle Wespen geflogen, in wenigen Sekunden waren sie beim Haus. Sie sausten durch die offene Tür und umschwirrten das Ungeheuer von allen Seiten und stachen es, wo sie es nur stechen konnten.

Das Ungeheuer heulte laut auf und floh – so schnell es nur konnte – in den Wald. Die Wespen flogen hinterher, und so rannte und rannte das Ungeheuer immer weiter, durch den Wald, und über drei Berge, und an einem See vorbei und noch viel weiter.

Die Wespen kehrten bald um, das Ungeheuer aber rannte und rannte und wurde nie wieder gesehen …

Die Geiß und ihre Kinder gaben an diesem Abend ein kleines Fest.

Es gab bunte Blumen und duftende Kräuter und schmackhafte Grashalme. Die drei Geißlein tanzten vor Freude rund ums Haus, und die Wespen summten zufrieden um den Tisch herum.

# Die zwei Drachen, der Löwe und der Fuchs

Ein Märchen aus der Karibik, neu erzählt

Es war einmal ein Königspaar, das hatte zwei Kinder, eine Prinzessin und einen Prinzen, und beide waren der ganze Stolz des Königreichs.
In diesem Land lebten aber auch zwei Drachen.
Auch sie hätten gerne zwei Kinder gehabt …
Eines Morgens – die Prinzessin und der Prinz waren gerade beim Spielen im Garten – entführten die beiden Drachen die beiden Königskinder und brachten sie in ihre Höhle.
Der König war vor Trauer außer sich.
Er ließ alle mutigen Männer des Landes zu sich kommen und versprach ihnen die Hand der Prinzessin und das halbe Königreich dazu, wenn es nur gelänge, seine beiden Kinder heil zurückzubringen.
Viele versuchten es, aber keiner kehrte aus dem Tal der Drachen zurück.
Auch ein Ritter aus einem Nachbarland meldete sich. Er wolle gern sein Glück versuchen!
Er bestieg sein Pferd, pfiff nach seinem Jagdhund und machte sich auf die Reise zur Höhle der Drachen.

In einem Wald traf er auf einen Fuchs, der struppig und schmal am Wegesrand saß.

„Fuchs, was ist mit dir?", fragte der Ritter freundlich.

„Ich sterbe vor Hunger!", rief der Fuchs. „Gib mir zu essen, und du wirst es nicht bereuen."

Da stieg der Ritter vom Pferd, und weil er sonst keinen Ausweg sah, tötete er seinen Jagdhund und gab dem Fuchs vom Fleisch zu essen.

Der Fuchs aß das Fleisch, die Knoches des Hundes aber vergrub er sorgfältig im Sand.

„Wenn du in Not bist, dann ruf nach mir", sagte der Fuchs, bevor er im Dickicht verschwand.

Am nächsten Tag traf der Ritter auf einen Löwen, der abgemagert und müde am Wegesrand lag.

„Löwe, was ist mit dir?", fragte der Ritter freundlich.

„Ich sterbe vor Hunger!", rief der Löwe. „Gib mir zu essen, und du wirst es nicht bereuen!"

Da stieg der Ritter vom Pferd, und weil er sonst keinen Ausweg sah, tötete er sein Pferd und gab dem Löwen vom Fleisch zu essen.

Der Löwe aß das Fleisch, die Knoches des Pferdes aber vergrub er sorgfältig im Sand.

„Wenn du in Not bist, dann ruf nach mir", sagte der Löwe, bevor er im hohen Gras verschwand.

Der Ritter musste zu Fuß weitergehen.

Endlich stand er vor der Höhle der Drachen.

Ein Drache lag vor dem Eingang und schlief. An ihm gab es kein Vorbeikommen.

Da rief der Ritter leise nach dem Fuchs. Sogleich erschien der Fuchs, und der Ritter erzählte ihm von den geraubten Königskindern.

„Ich weiß, wie wir in die Höhle kommen", sagte der Fuchs.

Er grub einen schmalen Gang durch den Berg, und bald standen sie in der Höhle.

Der zweite Drache hütete die Königskinder.

Ein furchtbarer Kampf zwischen dem Drachen und dem Ritter begann. Immer, wenn dem Ritter ein Schlag gegen den Drachen gelang, kam ein Schwarm Hornissen und stürzte sich auf den Ritter.
Da blies der Fuchs auf die Hornissen, und sie zerfielen zu Staub.
Als der andere Drache den Kampfeslärm hörte, stürzte auch er sich auf den Ritter.
Der rief rasch nach dem Löwen, und mit einem gewaltigen Satz war der Löwe in der Höhle und versetzte dem Drachen einen Hieb mit seiner Pranke.
Gemeinsam drängten der Löwe und der Ritter die beiden Drachen aus der Höhle und an den Rand eines Felsens. Der Löwe brüllte noch einmal gewaltig, und der Ritter schwang sein Schwert – da kamen beide Drachen ins Wanken und mit einem lauten Schrei stürzten sie in die Tiefe.
Die beiden Königskinder hatten sich in der hintersten Ecke der Höhle versteckt. Erleichtert fielen sie dem Ritter um den Hals.
Gemeinsam machten sich die Prinzessin und der Prinz, der Ritter, der Löwe und der Fuchs auf den Weg zum Schloss.
An einer Stelle im Wald holte der Löwe die Knochen des Pferdes aus dem Sand.
An einer anderen Stelle im Wald holte der Fuchs die Knoches des Hundes aus dem Sand.
Der Fuchs blies auf die Knochen, und da standen das Pferd und der Jagdhund gesund und munter vor ihnen.
„Unsere Aufgabe ist getan", riefen der Fuchs und der Löwe, und schon waren sie zwischen den Bäumen verschwunden.
Der Ritter setzte die beiden Königskinder auf sein Pferd, sein Jagdhund lief vergnügt neben ihnen her, und so kamen sie wohlbehalten ins Schloss.
Es dauerte nicht lange, und die Prinzessin und der Ritter feierten Hochzeit.
Es gab ein Fest, das viele Tage lang dauerte, und es wird erzählt, dass sogar ein Löwe und ein Fuchs gekommen waren um mitzufeiern …

# Die Taube und die Ameise

**Eine Fabel von Jean de La Fontaine, neu erzählt**

Es war heiß, die Luft sirrte vor Hitze, die Sonne spiegelte sich im kleinen Bach.
Eine Taube, durstig und müde, neigte den Kopf und tauchte den Schnabel tief ins kühle Wasser.

Da sah sie neben sich eine Ameise, die ins Wasser gefallen war und verzweifelt mit ihren kleinen Beinen strampelte, um nicht zu ertrinken. Ohne lange nachzudenken knickte die Taube einen langen Grashalm vom Ufer und warf ihn so ins Wasser, dass die Ameise darauf – wie über eine Brücke – an Land klettern konnte. Dann trank die Taube weiter, froh über das klare Wasser und voller Vorfreude auf die Rast im Schatten, die sie sich gönnen wollte.
Ein Junge, der mit Pfeil und Bogen barfuß durch die Wiesen lief, sah die Taube. Sofort war seine Jagdlust geweckt. Ob er die Taube wohl treffen würde? Langsam spannte er seinen Bogen.

Als die Ameise sah, dass der Junge es auf ihre Retterin, die Taube, abgesehen hatte, war sie rasch zur Stelle. Kräftig zwickte sie den Jungen in die linke große Zehe.

Der Junge zuckte zusammen und schlug mit der Hand nach der kleinen Ameise. Das laute Geräusch schreckte die Taube auf, mit wenigen Flügelschlägen war sie hoch in der Luft.

Der Junge schaute ihr enttäuscht nach.

Die Ameise biss noch einmal kräftig zu, dann verschwand sie gutgelaunt in einem nahen Erdhügel.

# Der Hirsch und sein Spiegelbild

**Eine Fabel von Jean de La Fontaine, neu erzählt**

Könnte ein Spiegel reden, er hätte viel zu erzählen. Stundenlang wird er zu Rate gezogen, und die Klagen nehmen kein Ende.
Auch der See im Wald weiß um die Eitelkeit von Mensch und Tier, haben sich doch schon viele über sein Wasser gebeugt, um einen Blick auf ihr eigenes Spiegelbild zu erhaschen.
Erschrocken und nachdenklich bleiben viele dann stehen oder sie setzen sich müde ins Gras.
Eines Morgens stand ein Hirsch am See, er bewunderte stolz sein prachtvolles Geweih und konnte gar nicht genug ins glitzernde Wasser schauen. Aber als sich sein Blick senkte, auf seine schmalen Beine, da wurde er wütend. So ein prachtvoller Kopf mit einer Krone – und dazu dünne, unnütze Beine! Was hatte sich die Natur nur dabei gedacht!
Da – plötzlich – schoss ein Jagdhund durchs Gehölz und geradewegs auf ihn zu. Der Hirsch war mit einem Sprung im Gebüsch – aber sein Geweih hing an einem Ast fest! Seine prachtvolle Krone, sie schien ihm jetzt zum Verhängnis zu werden!
Der Jagdhund kam mit lautem Bellen näher.

Endlich – in letzter Sekunde – konnte sich der Hirsch befreien. Seine dünnen, unnützen Beine, sie waren es, auf denen er mit großen Sprüngen zwischen den Bäumen verschwand.

Der Jagdhund folgte wütend dem springenden Schatten, aber der Hirsch war längst im Wald verschwunden.

Ein paar Tage später, beim See, da blickte der Hirsch voll Wohlgefallen auf seine schmalen, schönen Beine – und er schaukelte vorsichtig sein Geweih auf dem Kopf, seine Krone, auf die es gut zu achten galt.

# Mutig wie ein Löwe

Mutig wie ein Löwe.
Stark wie ein Bär.
Klug wie eine Eule.
Flink wie ein Hirsch.
Schlau wie ein Fuchs.
Schnell wie eine Gazelle.
Scharfsichtig wie ein Adler.
Geduldig wie ein Schaf.
Wendig wie ein Fisch.
Stolz wie ein Pfau.
Scheu wie ein Reh.
Stur wie ein Esel.
Treu wie ein Hund.
Elegant wie ein Schwan.
Verschlossen wie eine Muschel.
Kräftig wie ein Pferd.
Wild wie ein Stier.
Und welches Tier
erzählt von dir?

# Der blaue Hai

Flossen hoch!", rief der rote Feuerfisch. "Und dann kräftig rudern. Macht euch aus dem Staub! Er kommt!"

"Staub ist gut", sagte der kleine Grünzacken. "Hat hier irgendjemand schon mal Staub gesehen?"

Die anderen Fische – kleine und große Grünzacken, Gelbschwänze und Schwarzpunkte – glitten still durchs Wasser.

"Der Kleine hat schon recht – was soll die ganze Aufregung?!", sagte schließlich einer der langen eleganten Gelbschwänze.

"Er kommt! Er kommt! Er kommt! – Wo man auch hinkommt, hört man nichts anderes als dieses aufgeregte Geschrei. Und wie sie alle herumzappeln! Als wäre das Ende der Welt gekommen!"

„Nicht das Ende der Welt!", brummte ein alter schwerer Schwarzpunkt. „Unser Ende! Das Ende der Fische, die hier in diesem Teil des Meeres leben. Der Rest der Welt wird gar nicht merken, dass es uns nicht mehr gibt!"

„Warum sollte es uns nicht mehr geben?", rief der kleine Grünzacken aufgeregt. „Nur, weil ein einziger blauer Hai hierher kommt?"

„Nur?", fuhr ihn der alte Schwarzpunkt an. „Hast du ‚nur' gesagt?"
Er kam dem kleinen Grünzacken bedrohlich näher.

„Nur ein Grünschnabel wie du weiß nicht, was das bedeutet, wenn der blaue Hai hierher kommt", sagte er gefährlich leise.

„Ich habe unzählige Fisch-Familien verschwinden gesehen. Und zwar nicht irgendwo. Sondern im Maul eines blauen Hais!"

Er schnappte zornig nach dem kleinen Grünzacken, der sich erschrocken hinter den Flossen seiner Mutter versteckte.

„Was soll das? Du erschreckst hier die Kinder und uns dazu!", sagte die Mutter des kleinen Grünzacken. „Was soll das bringen? Sollen wir uns alle zu Tode fürchten?"

„Ja", brummte der alte Schwarzpunkt. „Vielleicht sollten wir das."
Er verscheuchte eine kleine Wasserschildkröte, die seinen Weg kreuzte.

„Ich habe gesehen, wie der blaue Hai ein ganzes Schiff verschluckte", sagte er mit dramatischer Stimme. „Ich habe gesehen, wie er das riesige Boot verspeiste als wäre es eine Seegurke!"

„Jetzt reicht's aber!", rief einer der Grünzacken. „Wir haben schon verstanden, dass sich der blaue Hai einen guten Happen nicht entgehen lässt! Aber wer sagt, dass er gerade auf uns Appetit hat?"

„Der blaue Hai frisst alles, was ihm in den Weg kommt", sagte der alte Schwarzpunkt düster.

Sie schwammen weiter und versuchten dabei, nahe beim Meeresgrund zu bleiben, bei den Algen und Gräsern, bei den Felsen und Höhlen, um sich rasch verstecken zu können.

„Hallo Leute!", rief ein riesiger Buntfisch, der plötzlich aus einer Höhle kam.

Der kleine Grünzacken wäre beinahe ohnmächtig geworden vor Schreck. Alle redeten und schimpften zugleich los.

„Weißt du nicht, was hier los ist?", fuhr einer der Gelbschwänze den Buntfisch an.

„Der blaue Hai kommt! Wie kannst du uns da so erschrecken?"

„Was? Rudi kommt?", fragte der Buntfisch erfreut. „Das ist aber eine Überraschung. Hat er meinen Geburtstag doch nicht vergessen!"

„Was redest du da für wirres Zeug?", fragte ein Schwertfisch, der sich gerade von einem Grünzacken sein Schwert putzen ließ. „Weißt du nicht, dass der blaue Hai so ziemlich das Gefährlichste ist, das man im Wasser so treffen kann?"

„Schon möglich", sagte der Buntfisch unbekümmert. „Aber Rudi doch nicht. Wir sind alte Kumpel. Waren in der gleichen Schulklasse. Wir waren beim Wettschwimmen unschlagbar. Ein starkes Duo! Leider ist Rudi mit seiner Familie dann weggezogen!"

„Schwachsinn!", rief der alte Schwarzpunkt wütend. „Blaue Haie sind unsere Feinde. Wie kannst du mit einem blauen Hai in einer Klasse gewesen sein?"

„Noch nie etwas von einem Austauschprogramm gehört?", fragte der Buntfisch erstaunt. „Ein paar von uns waren in der Haifisch-Klasse. Hat ihnen gut gefallen!"

„Ich versteh die Welt nicht mehr", brummte der alte Schwarzpunkt und verschwand hinter einem Felsen.

„Wann hast du denn Geburtstag?", fragte der kleine Grünzacken und schwamm auf den Buntfisch zu.

„Na heute!", rief der Buntfisch.

„Alles Gute, Kumpel!", sagte da eine tiefe Stimme.

Genau über dem Buntfisch und dem kleinen Grünzacken leuchtete etwas Blau auf.

„Hallo Rudi!", rief der Buntfisch. „Schön, dich zu sehen!"

Die anderen Fische waren plötzlich verschwunden.

Nur der kleine Grünzacken schaute den blauen Hai neugierig an.

„Tolle Zähne", sagte er.

„Na ja. Geht so", sagte der blaue Hai verlegen. „Ich müsste mal wieder zum Zahnarzt. Aber wer geht da schon gern hin."

„Ich auch nicht", sagte der kleine Grünzacken und zeigte seine Zahnlücke.

„Ich hab ... Besuch von Freunden", sagte der Buntfisch und sah sich suchend um. „Die wollen dich alle gern kennen lernen und mit mir und dir meinen Geburtstag feiern!"

„So ist es!", rief der schmale elegante Gelbschwanz und kam aus einer Höhle. Er hielt eine blühende Blume im Maul.

„Kleines Geburtstagsgeschenk", sagte er und brachte sie dem Buntfisch.

„Das wäre aber nicht notwendig gewesen", sagte der Buntfisch, der plötzlich von allen Seiten kleine Geschenke bekam.

Aus allen Höhlen und Felsnischen kamen die Grünzacken und Gelbschwänze und Schwarzpunkte und legten etwas vor ihm in den Sand.

„Das ist für dich", sagte der Schwertfisch und zauberte ein kleines selbst gebasteltes Muschel-Schwert hervor.

„Und das ist von mir", sagte der blaue Hai und ließ glitzernden Silberstaub auf den Buntfisch herabregnen ...

„Da hast du deinen Staub", flüsterte der kleine Grünzacken dem roten Feuerfisch ins Ohr und schwamm mitten ins Glitzern hinein.

Es wurde ein schönes langes Fest!

## Ein Pferd unter Wasser

Julian liebt die Ausflüge aufs Land.
Im alten Bauernhof von Onkel Philipp gibt es zwar keine Tiere mehr,
aber das 1927 gebaute Haus hat einen alten blauen Kachelofen, knarrende
Holztüren und dicke Wände, die irgendwie nach Schnee riechen.
Auch im Sommer.
Der Kuhstall, der zum Haus gehört, wurde umgebaut und ist jetzt ein
großer gemütlicher Wohnsalon mit einem Sofa, einem langen Holztisch
und einem Regal, das von oben bis unten mit Büchern voll geräumt ist.
„Ich bin dann mal im Stall", sagt Onkel Philipp immer, wenn er sich
zum Lesen – oder Schlafen – in den hellen Raum mit den breiten
Glasfenstern zurückzieht.

Auch Julian ist gern im Stall, wenn er mit seinen Eltern bei Onkel Philipp übers Wochenende zu Besuch ist. Er zieht dann eines der besonders dicken, leicht verstaubten Bücher aus dem Regal und macht es sich auf dem Sofa gemütlich.

Dieses Mal hat er ein altes Tier-Lexikon aus dem Jahr 1923 entdeckt, mit vielen farbigen Abbildungen der einzelnen Tiere. Jeder Vogelflügel, jede Flosse, jedes noch so winzige Spinnenbein ist in wunderschönen gemalten Bildern zu sehen.

„Darf ich das Buch mit zum Fluss nehmen?", fragt Julian Onkel Philipp. „Ich treffe Maria vom Aussiedlerhof und würde ihr gern die schönen Bilder zeigen!"

Der Aussiedlerhof wird so genannt, weil er ein wenig außerhalb des Dorfes auf einem Hügel liegt.

„Meinetwegen", brummt Onkel Philipp mit einem kurzen Blick auf das Buch. „Aber es darf nicht nass werden! Ist ein schönes Buch!"

„Ich werde aufpassen", sagt Julian und steht schon – das Buch mit beiden Händen festhaltend – bei der Tür.

Maria ist beeindruckt.

Sie sitzen auf der Bank zwischen den Birken, nahe am Fluss.

Ein Wanderweg führt den Fluss entlang.

„Halten Sie die Umwelt sauber!", steht auf einem grünen Schild, das an einem Baumstamm befestigt ist.

Maria und Julian haben kaum Augen für den glitzernden, schmalen Fluss. Sie sitzen auf der Bank und Julian blättert stolz im mitgebrachten Buch.

„Das muss ich dir zeigen", sagt er. „Es gibt Fische, die gibt es gar nicht. Schau dir das an!"

Er blättert zum Kapitel „Fische" und liest laut vor: „Zauberfisch, Rotfeuerfisch, Trommelfisch, Ritterfisch, Schwertfisch …"

„Das ist der Schwertfisch, den kenn ich", sagt Maria und zeigt auf eine Abbildung.

„Aber den kennst du nicht", sagt Julian. „Das ist ein Strumpfbandfisch. Das daneben ist ein Nashornfisch, und da gibt es eine Seefledermaus."

Maria betrachtet lange die Abbildung der Seefledermaus.

„Malthe vespertilio" liest sie den wissenschaftlichen Namen, der unter der Abbildung steht.

Sie spielt mit ihren Haaren.

„Ich weiß, dass es Pferde unter Wasser gibt, kleine Seepferdchen, aber dass es auch Fledermäuse unter Wasser gibt …"

Julian blättert ein paar Seiten weiter.

„Da haben wir es, das Seepferdchen. Hippocampus antiquorum. Gehört zur Familie der Seenadeln."

Sie betrachten beide das wunderschöne kleine Seepferd, das auf einer Seite abgebildet ist.

Julian liest vor: „Größe: 12 bis 25 Zentimeter. Gewicht: 30 bis 50 Gramm."

„Ist das klein! Und leicht!", staunt Maria.

Julian liest weiter. „Das Seepferdchen kann seine Körperfarbe der Umgebung anpassen. Es hat nur eine kleine Rückenflosse und winzige Bauchflossen. Schuppen fehlen, dafür ist sein Körper von winzigen Knochenplättchen bedeckt, die ihn ringförmig umschließen."

„Klingt wie eine kleine Ritterrüstung", sagt Maria. Sie betrachtet die Abbildung ganz genau. „Der Mund sieht wie ein kleiner Staubsauger aus!"

Julian nickt.

„Das Seepferdchen schwimmt in aufrechter Haltung durchs Meer oder es hält sich mit seinem Schwanz an Algen und Pflanzen fest und saugt mit seinem Röhrenmaul Kleinkrebse, Plankton oder Fischlarven ein. So hat es wenig Mühe mit der Suche nach Nahrung."

Julian liest lautlos weiter. Er runzelt die Stirn.

„Seepferdchen haben keinen Magen", sagt er nach einer Weile. „Die Nahrung geht direkt vom Maul in den Darm. Und nicht die Weibchen brüten den Nachwuchs aus, sondern die Männchen. Sie haben deshalb eine eigene Bruttasche und kümmern sich auch später um ihre Kleinen."

„Ganz schön aktive Väter", sagt Maria anerkennend.

„Es gibt 33 Arten von Seepferdchen", sagt Julian, der ein paar klein gedruckte Zeilen in einer Spalte entdeckt hat. „Und weil jedes Jahr

Millionen von Seepferdchen aus den Weltmeeren gefischt werden, gelten sie als besonders gefährdet. Die einen wollen sie fürs Aquarium, wo sie nie lange überleben, die anderen kaufen getrocknete Seepferdchen als Souvenir und manche glauben, dass sie Heilkräfte besitzen und zerreiben sie zu Pulver."

„Aua", sagt Maria.

Sie fährt mit der Fingerspitze vorsichtig über das kleine gemalte Seepferdchen.

„Jetzt sind sie als winzige Pferde ins Wasser geflohen, und nicht einmal dort haben sie Ruhe."

Maria und Julian blättern noch lange gemeinsam im Buch. Sie entdecken ein Walross, das wie ein müder alter Herr mit Bart aussieht und einen stacheligen, violett schimmernden Seeigel.

Irgendwann liegt das Buch aufgeschlagen auf der Bank, und Maria und Julian erkunden mit den Fingerspitzen die weiße Rinde der Birken.

„Morgen könnten wir ein Boot aus Rinde bauen", sagt Julian.
Er nimmt das Buch von der Bank, dann machen sie sich auf den Heimweg.
„Was machen die gemalten Tiere? Sind sie nass geworden?", fragt Onkel Philipp, als Julian das Buch zurück in den Stall bringt.
„Ihnen ist nichts passiert", sagt Julian. „Wir haben uns vor allem die Fische angeschaut. Tolle Bilder!"
Er setzt sich zu Onkel Philipp aufs Sofa und zeigt ihm einige Abbildungen. Plötzlich hält er inne. Eine halbe Seite im Buch ist leer!
Er starrt auf den freien Platz im Buch.
„Da ... da war das Seepferdchen", sagt er leise. „Da steht der Text, ich habe ihn Maria vorgelesen, aber – das Bild ist weg!"
„Das Bild ist weg?", fragt Onkel Philipp und nimmt das Buch in die Hand.
„Du meinst, das gemalte Seepferdchen ist einfach verschwunden?"
Julian muss schlucken. Er sagt kein Wort.
Onkel Philipp streicht mit der linken Hand über die leere Stelle im Buch.
„Das sind eben kluge Tiere", sagt er ruhig. „Du warst mit dem Buch nahe am Fluss. Ein Seepferd gehört ins Wasser, findest du nicht auch? Es hat seine Chance genutzt. Es ist im Fluss untergetaucht und wird wohl jetzt schon auf dem Weg zum Meer sein ... Mach dir keine Sorgen!"
„Aber ... das ist unmöglich", sagt Julian. „Ein gemaltes Seepferdchen kann nicht einfach aus einem Buch springen und im Wasser verschwinden!"

„Das ist unmöglich?", fragt Onkel Philipp. „Dann will ich dir einmal etwas zeigen."

Er sucht lange im Buch bis er eine bestimmte Seite gefunden hat.

„Da haben wir es!"

Er deutet auf eine leere Seite.

„Siehst du die Bildunterschrift? Sie ist noch da."

„Adlerbussard", liest Julian laut vor.

„Genau. Ich war mit dem Buch auf einer Wiese, nahe einem Wald. Ich hatte es auf einer Decke im Gras liegen lassen und hab mir einige seltene Pflanzen angeschaut. Und als ich das Buch wieder in die Hand nahm, sah ich die leere Stelle …"

„Er war weg?", fragt Julian ungläubig.

„Einfach weg. Hoch in der Luft. Oder im nahen Wald. So wie dein Seepferdchen im Wasser verschwunden ist."

Julian denkt nach. Er deutet auf das Buch.

„Und sonst? Sind noch alle da?"

„Bis jetzt – ja", sagt Onkel Philipp. „Aber das kann sich jederzeit ändern, wie du weißt …"

Er stellt das Buch zurück ins Regal.

„Jetzt gibt es erst einmal Abendessen."

Sie verlassen den Stall und gehen durch den Garten.

Onkel Philipp bleibt plötzlich stehen.

„Bist du morgen wieder am Fluss?"

„Ja, mit Maria. Wir wollen ein Boot aus Rinde bauen."

„Ich finde, du solltest das Buch morgen wieder mitnehmen. Was meinst du?"

Julian nickt.

„Unbedingt. Das Buch kommt mit."

„Das sind ja schöne Aussichten", sagt Onkel Philipp.

Er deutet nach oben.

Eine weiße Wolke zieht vorbei. Sie sieht aus wie ein kleines Pferd.

## Gespräch einer Hausschnecke mit sich selbst

Soll i aus meim Hause raus?
Soll i aus meim Hause nit raus?
Einen Schritt raus?
Lieber nit raus?
Hausenitraus-
Hauseraus
Hausenitraus
Hausenaus
Rauserauserauserause ...

*Christian Morgenstern*

## KOMMT, LASST UNS WEITERGEHEN!

Von besonderen Dingen, von Apfelbäumen und Stühlen, von Schatzkisten und Geigen, von Strohhüten und Birken erzählen die folgenden Geschichten. Auch da braucht es viel Mut.

Es braucht Mut, weil da und dort Zauber mit im Spiel ist und man nie weiß, was in der nächsten Sekunde passiert.

Und es braucht den Mut, genau hinzusehen, auch auf Dinge, die nicht so erfreulich sind oder einen nachdenklich stimmen – wie in der Geschichte vom Apfelbaum oder den drei Birken.

# Der verzauberte Apfelbaum

### Ein Märchen aus Belgien, neu erzählt

Es war einmal eine alte Frau, die besaß nicht viel außer ihrem kleinen Haus und einem Garten mit einem Apfelbaum. Kaum war der Apfelbaum reif, kletterten auch schon die ersten Kinder aus dem Dorf auf den Baum, um ein paar Äpfel zu stehlen.
Die Frau musste zusehen, wie ihre Äpfel nach und nach vom Baum verschwanden.
Dabei hatte sie selbst nicht viel zu essen.
Oft saß sie stundenlang mit einem Besenstil auf einer Bank im Garten, um die Äpfel auf dem Baum zu bewachen. Aber kaum ging sie kurz ins Haus, um einen Topf auf den Herd zu stellen, waren schon wieder ein paar Äpfel weniger auf dem Baum.
Eines Tages klopfte ein alter Mann mit einem langen weißen Bart an ihre Tür.
„Ich habe Hunger, werte Frau", sagte er müde.
„Ich habe kein Brot im Haus", sagte die Frau. „Aber nimm dir ruhig einen schönen saftigen Apfel vom Baum im Garten. Viele sind nicht mehr da …"
Der Mann pflückte sich einen Apfel und ließ ihn sich gut schmecken.
„Du hast ein gutes Herz", sagte der alte Mann. „Dafür hast du einen Wunsch frei."
„Ach, ich komme schon irgendwie zurecht", sagte die Frau. „Ein Wunsch wäre, dass alle Apfeldiebe, die in meinen Garten kommen, am Baum festkleben sollen. Das wäre ein Spaß."
„So soll es sein", sagte der Alte und ging weiter.
Die Frau hatte seine Worte fast schon wieder vergessen, da hörte sie – Tage später – plötzlich ein lautes Schreien und Gackern und Meckern im Garten.

Sie ging aus dem Haus, und da sah sie, dass drei Mädchen, vier Jungen, zwei Männer in Anzügen, eine Frau mit einem Korb, eine Gans, drei Hühner, eine Eule, und sogar eine Ziege am Baum festklebten.
„Nanu", lachte die Frau. „Das wird euch hoffentlich eine Lehre sein."
Sie wartete noch ein Weilchen, dann befreite sie alle.
Von diesem Tag an blieb ihr Garten von Apfeldieben verschont.

Eines Morgens klopfte es wieder an der Tür.
Ein Mann mit einem schwarzen Umhang stand vor ihr.
„Ich bin der Tod", sagte der Mann zur alten Frau. „Ich bin gekommen, um dich zu holen."

„Ist es schon so weit?", sagte die Frau erschrocken. „Nun, wenn es so ist, dann koste doch noch einen meiner saftigen Äpfel dort, bevor wir gehen. Du hattest sicher eine beschwerliche Reise."

Das ließ sich der Tod nicht zweimal sagen. Er griff nach einem der schönen runden Äpfel – und schon klebte er am verzauberten Apfelbaum fest. Den ganzen Tag musste er so beim Apfelbaum stehen, bis es Abend wurde.

„Gib mir noch gute zehn Jahre", sagte die alte Frau. „Dann lasse ich dich gerne frei."

Der Tod willigte ein, dann verließ er rasch den Garten mit dem verzauberten Baum …

Die alte Frau führte ihr einfaches Leben weiter. Sie saß oft im Garten und aß von den Äpfeln, dann und wann lud sie Kinder aus dem Dorf ein, im Garten zu spielen. Sie schaute ihnen zu und warf ihnen besonders saftige Äpfel zu …

Sie hatte ein gutes Leben. Die Jahre vergingen. Als sie eines Morgens starb, da blühte der Apfelbaum, und alle aus dem Dorf kamen und staunten.

## HEUTE

Heute ist der Mut
mein unsichtbarer Hut.
Den kann ich nicht verlieren.
So kann mir nichts passieren.

## Nicht vergessen!

Was passt in jeden Fingerhut?
Ganz viel Mut!

# Wie die Geige zu den Menschen kam

### Ein Märchen aus Ungarn, neu erzählt

Lange ist es her, und doch nicht lange genug, um nicht davon gehört zu haben …

Es waren einmal ein Mann und eine Frau. Die lebten in einem dunklen Wald. Sie waren freundliche Leute, aber sie waren arm und wünschten sich vor allem eines: ein helles Kinderlachen in ihrer Hütte, das alles wieder zum Strahlen bringen sollte …

Eines Tages traf die junge Frau eine alte Frau im Wald, die ging geradewegs auf sie zu und sagte: „Geh nach Hause, zerbrich einen Kürbis, gieße Milch hinein und dann trinke daraus. Und schon bald wirst du einen Sohn zur Welt bringen, der eines Tages glücklich und reich sein wird."

Da lief die junge Frau schnell nach Hause und tat, wie es ihr die alte Frau geraten hatte.

Nach neun Monaten kam ein Junge zur Welt.

So lebten der Mann und die Frau glücklich mit ihrem Sohn, und sein Lachen erhellte die kleine Hütte im Wald.

Als der Junge zwanzig Jahre alt geworden war, stand er plötzlich allein da. Beide Eltern waren krank geworden und gestorben. So packte der Junge seine Sachen, und noch in dieser Stunde verließ er den dunklen Wald.

Nach vielen Wochen und Tagen kam er in ein Land, in dem der König Sonderbares verkünden ließ: Wer etwas erfinden könnte, was zuvor noch kein Mensch gesehen habe, dem stünde das halbe Königreich zu – und noch dazu die Hand seiner Tochter!

Der Junge ging geradewegs zum König und sagte: „Ich bin dabei. Was soll ich tun?"

Der König wurde rot vor Zorn.

„Du sollst etwas Ungewöhnliches erfinden und nicht gewöhnliche Fragen stellen!", rief er und ließ den seltsamen Jungen in den Kerker werfen.

So landete der Junge im dunklen Kerker, kaum dass er das Schloss betreten hatte.

Als er betrübt in einer dunklen Ecke des Raumes auf dem Boden saß, wurde es plötzlich hell vor seinen Augen.

Die Feenkönigin erschien und sagte zu ihm: „Hier hast du eine kleine Kiste und ein Stäbchen. Reiß mir ein paar lange Haare vom Kopf und spanne sie über die Kiste und auf das Stäbchen!"

Der Junge tat, wie sie gesagt hatte.

Er hielt das wundersame Kästchen und das Stäbchen ratlos in der Hand.

„Nun streich mit dem Stäbchen über die gespannten Haare auf der Kiste", sagte die Feenkönigin.

Der Junge tat es, und ein heller Klang erfüllte den Raum.

„Ich weine um deine Eltern und lache, weil du bald Glück haben wirst", sagte die Feenkönigin und gab ihr Lachen und ihre Tränen noch in die Kiste hinein.

„Das ist eine Geige", sagte sie zum Jungen. „Streich über meine Haare auf der Kiste, und es werden die traurigsten und die fröhlichsten Lieder aus ihr herausströmen. Ich war es, der deinen Eltern vor vielen Jahren schon einmal geholfen hat. Jetzt helfe ich auch dir …"

Dann verschwand sie vor seinen Augen. Der Junge ließ sich zum König bringen. Er wolle ihm eine Erfindung zeigen. Er hob seine Kiste ans Kinn und strich mit dem Stäbchen so zart über die Haare der Feenkönigin, dass allen ringsum die Tränen kamen, so hell, so dunkel, so vergnügt, so wehklagend war der Klang, der das ganze Schloss erfüllte.

Der König war stumm vor Freude. Er verneigte sich vor dem Jungen und seinem wundersamen Instrument.

Der Junge bekam das halbe Königreich und die Hand der Königstochter, die es liebte, ihn jeden Tag auf der Geige spielen zu hören. Sie wurden ein glückliches Paar und hatten ein langes, gutes Leben …

So kam die Geige zu den Menschen. Sie ist ein Geschenk der Feen und der Geister, die immerzu unterwegs sind.

Und so kommt es wohl auch, dass viele mit der Geige in der Hand gerne unterwegs sind und durch alle Länder ziehen.

Und wo sie aufspielen mit der Geige, da wird einem das Herz schwer und leicht zugleich …

# Die sechs Strohhüte

**Ein Märchen aus Japan, neu erzählt**

Es waren einmal ein alter Mann und seine alte Frau.
Der Mann flocht Strohhüte, doch es wurde immer schwieriger, Geld damit zu verdienen.
Sie hatten wenig zu essen, und ihre Kleider waren abgetragen und viel zu dünn für den harten Winter.
Der Alte beschloss, in die Stadt zu gehen, um dort einige Strohhüte zu verkaufen. Er nahm fünf Hüte und machte sich auf den Weg.
Die Stadt lag weit entfernt, viele Tage und Nächte lang war er zu Fuß unterwegs.
Es war die Zeit vor Neujahr.
Die Stadt war voller Menschen, die ihre Einkäufe machten.
Sie kauften Fisch und Reiswein und Kuchen, aber niemand wollte dem Alten einen Strohhut abkaufen.
Keiner hatte einen Blick über für seine geflochtenen Hüte.
Es fing zu schneien an, und immer noch ging der alte Mann in der ganzen Stadt herum, um seine Hüte anzubieten. Es wurde Abend, und er hatte noch keinen einzigen Hut verkauft.
Als sich der Alte müde auf den Heimweg machte, sah er vor einem Tempel einige Statuen stehen.
Schneeflocken bedeckten die Köpfe der sechs steinernen Statuen, die Jizo, den Schutzgott der Kinder, der werdenden Mütter und der Reisenden darstellten.
„Bei dieser Kälte müssen sogar die Heiligen frieren", dachte der alte Mann und blieb stehen.
Er schob mit den Händen den Schnee von den kahlen Köpfen der Statuen, dann setzte er ihnen die Hüte auf, die er nicht verkauft hatte.

„Ich bitte Euch, mein bescheidenes Geschenk anzunehmen", sagte der Alte und verbeugte sich.
Weil er nur fünf Hüte bei sich hatte, es aber sechs Statuen waren, schenkte der Alte einer Statue seinen eigenen Hut.
„Entschuldigt, dass dieser Hut nicht neu ist", sagte er.
Dann setzte er seinen Weg fort.
Als der alte Mann nach seinem langen Fußweg zu Hause ankam, war er über und über mit Schnee bedeckt.
„Was ist passiert?", fragte seine Frau erstaunt.
Der Mann erzählte ihr von den Statuen im Schnee und von den Hüten, die er ihnen geschenkt hatte.
„Du hast richtig gehandelt", sagte seine Frau. „Wir sind arm, aber wir haben doch ein Haus über dem Kopf. Lass uns damit zufrieden sein."
So saßen beide lange beim Feuer.
Die Frau stellte heißen Tee auf den Tisch, mehr war nicht im Haus.
So feierten die beide das Neujahrsfest.
Als es dunkel geworden war, hörten die beiden auf einmal ein Geräusch vor dem Haus.

Erst kamen die Stimmen von Weitem – dann aber hörte man einen Gesang immer näherkommen:
„Wo steht das Haus des Alten, der Strohhüte verkauft? Wo ist das Haus des Alten?"
Der alte Mann und seine Frau wunderten sich über den Gesang.
Sie öffneten die Tür. Dampfende Schalen, gefüllt mit Reis und Fisch, standen davor. Glitzernder Neujahrsschmuck und warme Kimonos lagen auf der Türschwelle.
Die Alten traten vors Haus, um zu sehen, wer ihnen all diese Geschenke gebracht haben mochte.
Da sahen sie im dichten Schneetreiben die sechs Jizo-Statuen, die sich langsam entfernten – jede mit einem Strohhut auf dem Kopf …

# DREI BIRKEN

Es waren einmal drei Birken, die beschlossen eines Tages, in die große Stadt zu gehen. Und zum See. Und weiter noch.
„Zeit für einen Ausflug", flüsterten sie einander zu.
Dann zogen sie los.
„Kommt gut zurück!", rief der Wind und schob sie zärtlich den Hügel hinab.
„Bis bald!", rief die Sonne und ließ die weiße Rinde der Birken hell aufleuchten.
„Gute Reise!", rief der Regen und kühlte ihre Äste und Zweige.
Die drei Birken kamen zur großen Stadt.
Aber die große Stadt war betrunken und torkelte übers Gras, dass die Stadtmauern wackelten.
Die ganze Stadt kippte einmal nach links, dann wieder nach rechts.
„Kommt, lasst uns weitergehen", sagten die drei Birken.

Sie kamen zum See, aber dem See war gerade schlecht
von all den Dingen, das man in ihn hineingeworfen hatte.
Grün und gelb schimmerte sein Wasser. Er jammerte vor
sich hin und wechselte immerzu die Farben.
„Kommt, lasst uns weitergehen", sagten die drei Birken.
Sie kamen zu einem Hügel. Aber der Hügel war verwundet
von einem Krieg. Überall waren Löcher und Kratzer und
tiefe Wunden. Der Hügel deckte sich mit Blättern und
Gräsern zu und wollte allein sein.

„Kommt, lasst uns weitergehen", sagten die drei Birken leise.
Sie kamen zu einem Kinderspielplatz, aber es waren keine
Kinder da, sondern nur alte rostige Eisengeräte, die gerade Streit hatten.
Die Rutschen und Leitern, die Stangen und Schaukeln hatten einen wilden
Ringkampf begonnen.
„Kommt, lasst uns weitergehen", sagten die drei Birken.
Sie kamen ans Meer und standen lange am Hafen. Gewaltige Dampfer
und Kräne und Öltanker standen so dichtgedrängt im Wasser, dass vom
blauen Meer kaum etwas zu sehen war.
„Kommt, lasst uns weitergehen", sagten die drei Birken.
Sie kamen zu einer Wiese, auf der Kinder einem Ball nachliefen.
„Wollt ihr mitspielen?", fragte ein Mädchen.
Und schon waren die drei Birken mitten drin im Spiel.
Sie blieben, bis sie müde wurden.

Dann gingen sie weiter. Sie kamen zu einem Fluss.
Am Ufer standen lange gedeckte Tische, und an den Tischen saßen Männer und Frauen und Kinder, die einander Geschichten erzählten.
Einige lasen aus Büchern vor.
Und alle, von denen sie erzählten und vorlasen, traten aus den Büchern und Geschichten heraus und setzten sich zu ihnen an den Tisch und aßen und tranken mit ihnen.
Die drei Birken nahmen vom Wasser und lauschten den Geschichten, und der Fluss neben ihnen glänzte in der Abendsonne.
„Lasst uns heimgehen", flüsterten die Birken einander zu, als eine Geschichte vom Heimkommen erzählt wurde.
Sie machten sich auf den Weg.
„Willkommen zu Hause", sagte der Wind und schob sie sanft den Hügel hinauf.
„Da seid ihr ja wieder", sagte die Sonne und ließ die weiße Rinde der drei Birken hell aufleuchten.
„Schön, euch zu sehen", sagte der Wind und kühlte ihre Äste und Zweige.
Es waren einmal drei Birken. Es gibt sie immer noch.
Dort stehen sie. Manchmal.

## EIN FEST FEIERN

Ob groß oder klein,
eines sollte immer sein:
Zeit für die gute Zeit,
Zeit für Gemeinsamkeit.
Schaukeln. Reden. Lachen.
Solche Sachen.
Ob im Schloss, in der Hütte, im Nest:
Überall ist Platz für ein Fest!

# ALLES!

Manchmal darf ich auf Jannis aufpassen.
Jannis ist fünf.
Mit Jannis kann man gut reden.
„Bist du immer nur du?", fragt Jannis.
„Wie meinst du das?"
„Bist du nie ein Pirat? Oder ein Polizist? Oder ein Leopard?"
Ich denke nach.
„Ich war schon einmal ein Clown. Auf einem Geburtstagsfest."
Jannis nickt.
„Ich bin manchmal ein Fisch im See. Mit Badehose."
Jannis hört zu.

„Ich kenne mich auch als Fußballspieler. Als Zuschauer im Theater. Als Angsthase im Wald."
Jannis gähnt.
„Manchmal bin ich ein Murmeltier im Bett. Oder ein dick vermummter Astronaut im Schnee. Mit Brettern an den Beinen. Ich kenne mich als Tänzer auf dem Eis. Und als Verliebten in den Armen von Luise!"
„Verliebt ist gut", sagt Jannis.
„Ich war auch schon einmal ein Indianer", sage ich. „Auf einem Faschingsfest."
„Indianer ist auch gut", sagt Jannis. „Fast so gut wie Leopard."
Jannis sieht mich nachdenklich an.
„Und was willst du noch alles werden?"
„Alles", sage ich laut.
Jannis lacht.
„Ich auch!"
Jannis ist fünf.
Mit Jannis kann man über alles reden.
Gut, dass er manchmal auf mich aufpasst.

## „ICH WERDE ABENTEURER!"

Wenn die Erwachsenen mich als Kind gefragt haben: „Was willst du einmal werden?", dann hab ich manchmal laut gesagt: „Ein Abenteurer!"

Ich habe am liebsten Abenteuer-Geschichten gelesen. Und mit einem Buch in der Hand ist man so gut wie auf jeder Seite ein Abenteurer. Was da alles passiert!

Ein Freund von mir ist auch sehr mutig. Er erzählt mir oft von seinen unglaublichen Abenteuern, die er in der ganzen Welt erlebt.

Er wohnt bei mir im Haus, und ich weiß, wann er all diese unglaublichen Reisen gemacht hat, von denen er mir manchmal berichtet.

„Das ist nicht aus Büchern. Das ist echt!", hat Selim gesagt.

Selim ist übrigens sieben Jahre alt.

„Hilfst du mir, meine Geschichten aufzuschreiben?", hat er mich eines Tages gefragt.

Natürlich habe ihm geholfen.

Und nun könnt auch ihr seine spannenden Geschichten lesen.

Hier sind sie, die fantastischen Abenteuer von Selim, dem Unerschrockenen.

# SELIMS ABENTEUER IM INDISCHEN OZEAN

Es ist schon lange her, vielleicht sogar noch länger als lang, da durfte ich, Selim, auf einem Schiff mitfahren. Es fuhr quer über den Indischen Ozean, von einer Seite auf die andere, von einer schönen Insel zur anderen.

Auf dem Schiff waren Kokosnüsse geladen, Bananen und Gewürze, die gut rochen.

„Bei uns weht nicht nur das Segel im Wind, bei uns flattert auch eine riesige Geruchsfahne übers Meer", sagte der Kapitän und lachte.

Er war ein Freund meines Vaters aus der Türkei, und deshalb durfte ich mitfahren.

Plötzlich wurde das Schiff immer langsamer. Der Wind ließ nach, die weißen Segel bewegten sich kaum noch.

„Was ist denn das für eine Flaute!", rief der Kapitän. „Wir müssen einfach warten, ob der Wind wiederkommt. Sonst heißt es: An die Ruder!"

Wir warteten drei Tage und drei Nächte lang.

Wir spielten Fußball mit einer Kokosnuss an Deck und aßen Berge von Bananen. Aber es kam kein Wind.

Die Matrosen holten alte Ruder aus Holz und begannen, wie wild zu rudern. Der Kapitän gab die Kommandos.

„Eins, zwei, hepp! Eins, zwei, hepp!"

Aber das Schiff war schwer, und es bewegte sich kaum weiter.

Nach sieben Tagen hatten die Matrosen keine Kraft mehr, und der Kapitän wurde nervös.

„Wir müssen bald unsere Früchte abliefern, sonst bekommen wir kein Geld mehr dafür", sagte er. „Wir müssen uns etwas einfallen lassen."

Ich stand gerade neben ihm an Deck und schnupperte an einem offenen Fass mit einem seltenen Gewürz.

Da kitzelte und zwickte es mich in der Nase, und ich musste so stark niesen, dass ich umfiel.

Mein Niesen war so stark, dass die Luft aus meiner Nase in das Segel fuhr und das Schiff ein Stück weiter trieb.

„Das ist die Lösung!", rief der Kapitän aufgeregt. „Holt alle Kräuter und Gewürze, die wir an Bord haben. Wir haben da einen, der kann niesen, dass das Meer wackelt!"

Eine halbe Stunde später musste ich meine Nase in viele Fässer und Säcke stecken, die vor mir auf dem Deck herumstanden. Ich nieste und nieste, und mit jedem Niesen knatterte das Segel, und das Schiff bewegte sich. So fuhr das Schiff immer weiter, mit jedem Niesen kamen wir ein Stück vorwärts.

Als mir schon gewaltig die Nase brannte, kam plötzlich ein heftiger Wind auf. Er fuhr ins Segel, und das Boot kam richtig in Fahrt.

„Jetzt hast du sogar den Wind aufgeweckt mit deinem Niesen!", rief der Kapitän glücklich und klopfte mir auf die Schulter.

„Ein Hoch auf diese Nase!", rief der Kapitän, und alle Matrosen schrien laut: „Ein Hoch auf diese Nase! Ein Hoch auf diese Nase!"

Der Wind blies und blies, und so kamen wir bald zu einer großen Insel. Ich bekam viele Geschenke, und nach einer Woche fuhren wir wieder nach Hause.

# SELIMS ABENTEUER IN DER WÜSTE

Die Wüste hieß früher nicht Wüste, sondern „Leeres Land".
Es gab keinen Sand, sondern nur ganz gewöhnliche Erde.
Es wuchs wenig Gras, und nur selten sah man einen Baum, Blumen gab es kaum. Es regnete so wenig im „Leeren Land", dass es auch nie besser wurde. Die Leute kamen nicht gern in diese Gegend, und wenn, dann ritten sie schnell weiter.

Ein Mann hat mir erzählt, wie es dort ausgesehen hat, früher. Er hat mir auch gesagt, wer schuld daran ist, dass die Wüste heute eine Wüste ist.
Ich war mit meinen Eltern im Urlaub in Ägypten, und da haben wir einmal auch die Wüste besucht. Ich bin sogar auf einem Kamel geritten.
Am Abend hat ein alter Mann beim Lagerfeuer erzählt, wie aus dem „Leeren Land" die Wüste geworden ist.

Vor ewig langer Zeit sollen Piraten einen riesigen Schatz im Land vergraben haben, tief unter der Erde in einer Höhle. Sie haben Steine hingelegt, als Zeichen, damit sie das Versteck wiederfinden.
Aber als sie nach einer langen Reise wieder zurückkamen ins „Leere Land", da waren plötzlich überall Steine. Die Menschen, die durchs Land zogen, haben immer wieder Steine gebraucht – für die Feuerstelle am Abend, als Waffen gegen wilde Tiere ...
An vielen Stellen lagen plötzlich Steine.
Die Piraten konnten ihr Zeichen nicht mehr finden.

Sie begann zu graben und zu graben, überall im Land, sie gruben immer tiefer. Sie gruben an allen nur möglichen Stellen, und bald hörten auch andere vom Schatz und begannen ebenfalls zu graben.

Wo man auch hinblickte im „Leeren Land" – bald war es voll mit Sandhaufen, denn unter der Erde war viel feiner gelber Sand.

Die Piraten gruben einen ganzen Sommer lang, dann kamen andere, und auch sie gruben viele Wochen lang, und bald wurde nur noch gegraben im ganzen Land. Das ganze Jahr hindurch.

Bis überall gelber Sand lag, der die Wiesen bedeckte und das Gras bald absterben ließ … Auch die Wurzeln der wenigen Bäume vertrockneten im Sand, und Regen wollte keiner mehr fallen …

Das Land wurde trocken und ungemütlich, es war wüst und leer, und bald sprachen die Leute nur noch von der „Wüste".

Langsam lernten die Menschen in der Wüste, ihre Wege zu finden im Sand.

Sie entdeckten Wasserstellen und Brunnen, und bald gab es Stämme, die am liebsten in der Wüste lebten. Sie ritten auf Kamelen, und das Land aus gelbem Sand mit den vielen Sternen darüber gefiel ihnen immer besser.

Auch mir hat bei meinem Besuch in der Wüste der Himmel gut gefallen.

Er war so groß. Viel größer als hier.

Und die Hügel aus Sand haben schön ausgesehen, wie die Wellen eines Meeres.

Wenn man durch die Wüste reitet, muss man mutig sein. Weil es da nichts zum Festhalten gibt weit und breit.

Und man findet tagelang keinen Schatten. Nur den, den man sich selber macht.

Nach dem Schatz der Piraten wird nicht mehr gesucht.

Oder vielleicht doch – heimlich in der Nacht, wenn alle schlafen …

Weil der Sand in der Wüste angeblich immer mehr wird. Tag für Tag.

Das haben mir zumindest die Leute aus der Wüste erzählt.

Hoffentlich hören sie bald zu graben auf.

Das ist das Ende der Geschichte über die Wüste.

# SELIMS ABENTEUER BEI DEN EISBÄREN

In der Nähe von unserer Stadt gibt es einen
Hügel, auf dem man im Winter gut rodeln kann.
Manchmal bringen mich meine Eltern dorthin, und dann fahre ich mit
meinen Freunden auf dem Schlitten den Hügel hinunter. Meine Eltern
setzen sich meistens in eine Hütte, in der man etwas essen und trinken
kann und in der es schön warm ist. Manchmal besuche ich sie zwischendurch in der Hütte, dann trinke ich einen Tee oder ich esse einen Kuchen.
Einmal hat mir mein Freund Mario seinen Rodel geborgt.
„Das ist ein Zauberrodel! Der ist noch viel schneller als dein Schlitten",
hat er gesagt. „Halt dich gut fest!"
Ich hab mich auf den Rodel gesetzt und bin losgefahren. Plötzlich machte
der Rodel mitten auf dem Hügel eine Kurve nach links und fuhr genau
in den Wald hinein. Ich wollte bremsen, aber es ging nicht. Wie ein Blitz
sauste der Rodel mit mir zwischen den Bäumen hindurch, einen Hügel
hinauf und einen hinab, und dann ging es wieder bergauf. Ich hielt mich
fest, so gut ich konnte. Es ging schon wieder nach unten. Vom Fahrtwind
hatte ich schon Tränen in den Augen. Da stoppte der Rodel plötzlich, und
neben mir saß ein Eisbär im Schnee.
„Schaut Kinder, wir haben Besuch!", rief der Eisbär erfreut, und auf
einmal rollten zwei kleine Eisbären vor mir über den Schnee.
„Nur schön langsam", sagte eine dunkle Stimme.
Das musste der Eisbär-Vater sein. Er kam aus einer großen Schneehöhle,
die zwischen zwei Bäumen gebaut war.
„Du hast Marios Rodel, also bist du ein Freund!", sagte die dunkle Stimme.
Der Eisbär legte mir seine gewaltige Tatze leicht auf die Schulter.
Es fühlte sich an, als wäre ein Haufen Schnee von einem Baum auf meine
Schulter gefallen.

„Kannst du ein wenig mit unseren Kindern spielen? Wir müssen kurz in den Wald!", sagte der zweite Eisbär, das war wahrscheinlich die Eisbär-Mutter. Ich nickte, aber ich brachte kein Wort heraus.
„Bis später", brummten die beiden und verschwanden zwischen den Bäumen.
Ich machte mit den zwei kleinen Eisbären zuerst eine Schneeball-Schlacht. Dann zeigten mir beide, wie man gut über den Schnee rollen kann. Dafür brachte ich ihnen bei, wie man einen Schneemann baut. Sie hatten noch nie einen Schneemann gesehen. Also bauten wir auch noch einen großen Schneebären dazu. Und dann noch einen großen und zwei kleine. Die ganze Schneebären-Familie stand jetzt vor der Höhle.
Als die beiden Eisbären-Eltern zurückkamen, staunten sie nicht schlecht über unsere Kunstwerke.
„Ich muss wieder los!", sagte ich und setzte mich auf den Rodel. „Wie komme ich wieder zurück?"
„Da geht's lang!", rief der Eisbär-Vater und gab meinem Rodel einen ordentlichen Stoß.
„Danke für den Besuch! Und schönen Gruß an Mario!", rief er mir noch nach, dann hörte ich nur noch den Fahrtwind um meine Ohren pfeifen.
„Da bist du ja!", sagte Mario, als ich mit dem Rodel aus dem Wald und quer über den Hügel sauste.
Ich bremste mich neben ihm ein.
„Schönen Gruß von den Eisbären!", sagte ich.
„Oh, danke!", sagte Mario. „Ich hab sie erst gestern besucht. Wollen wir wieder tauschen?"
Er gab mir meinen Schlitten zurück.
Dann stieg er auf seinen Rodel und sauste davon.
Ich schaute ihm lange nach.
Dann fuhr ich los.

# SELIMS ABENTEUER AUF DER WOLKE

Ich bin einmal mit meinen Eltern in den Urlaub in die Türkei geflogen, aber plötzlich war überall nur noch Nebel in der Luft.
„Bitte schnallen Sie sich an!", sagte die Stimme aus dem Lautsprecher im Flugzeug. „Da wir keine Sicht mehr haben und nicht weiterfliegen können, werden wir auf einer Wolke notlanden."
Die Leute riefen aufgeregt durcheinander.
„Bitte um Ruhe an Bord. Es kann Ihnen nichts geschehen!", sagte die Stimme aus dem Lautsprecher.
Die Leute wurden wieder still.
Mein Vater nahm meine Mutter an einer Hand, und mich an der anderen.
„Das machen die öfter", flüsterte er mir zu. „Halb so schlimm!"
Ich hatte plötzlich Herzklopfen.
Das hatte ich noch nie gehört, dass ein Flugzeug auf eine Wolke landen kann!
Das Flugzeug wurde immer langsamer, dann stand es plötzlich still.
Man hatte gar nicht gehört, dass es gelandet war.
„Aussteigen verboten! Bitte bleiben Sie auf Ihrem Sitzplatz!", sagte die Stimme aus dem Lautsprecher. „Wir werden hier warten, bis sich der Nebel verzogen hat und wir weiterfliegen können."
Leise Musik setzte ein.
Ich beugte mich nach vorne. Vom kleinen Fenster aus konnte man nichts sehen, nur weißen Rauch. So weiß wie eine Wolke.
Ich holte meinen Zeichenblock und meine Buntstifte heraus und begann zu zeichnen.
„Das sind wir!", sagte ich zu meinen Eltern und zeigte ihnen ein Flugzeug, das auf einer Wolke lag und sich ausruhte.
„Genauso ist es!", sagte mein Vater und nickte zufrieden.
„Die halten ganz schön viel aus, diese Wolken", sagte meine Mutter mit leiser Stimme.

„Oh ja!", sagte mein Vater. „Wolken sind stark. Alle Achtung!"
Ich dachte darüber nach.
Wolken waren stark? Ob das stimmte?
Endlich setzte sich das Flugzeug wieder in Bewegung.
„Bitte bleiben Sie angeschnallt bis zur Landung!", sagte die Stimme aus dem Lautsprecher. „Wir danken für Ihre Mitarbeit!"
„Aufwachen!", sagte meine Mutter. „Wir sind gelandet! Und vergiss deine Zeichnung nicht!"

Ich hob meine Zeichnung vom Boden auf und schaute sie an.
Ein Flugzeug, das auf einer Wolke lag.
Komische Reise!
Dann stiegen wir aus. Auf dem Flughafen wartete schon mein türkischer Großvater. Er hatte eine neue Tasche für mich.
Es wurde ein richtig schöner Urlaub!

## SELIMS ABENTEUER UNTER WASSER

Bei einem Urlaub am Meer habe ich einmal eine neue Taucherbrille bekommen. Mit einem Schnorchel und mit Flossen, damit ich im Wasser besser schwimmen kann. Mit der Taucherbrille und dem Schnorchel konnte ich mir alles unter Wasser gut anschauen.

Gleich am ersten Tag gab es viel zu sehen: Einen Seeigel, eine grüne Glasscherbe, einen langen schwarzen Fisch mit einem weißen Punkt und eine gelbe Plastikuhr. Die musste jemand verloren haben.

Am nächsten Tag durfte ich schon weiter hinaus. Meine Mutter blieb mit der Luftmatratze in meiner Nähe.

Ich hielt manchmal die Luft an und tauchte tief hinunter, um einen schönen Stein vom Boden zu holen oder mir etwas genauer anzuschauen. Plötzlich sah ich einen Tisch unter Wasser, mit vielen Farbtöpfen darauf, und rundherum lagen dicke und dünne Pinsel. Eine große Wasserschildkröte und zwei, drei graue Fische schwammen traurig um ein Schild neben dem Tisch herum.

„Bitte anmalen!" stand in großen Buchstaben auf dem Schild.

Ich tauchte noch einmal auf, um Luft zu holen.

Hatte ich das geträumt? Wie war das möglich?

Meine Mutter trieb zehn Meter von mir entfernt auf ihrer Luftmatratze im Meer. Ich tauchte noch einmal unter. Der Tisch stand immer noch da. Und jetzt waren sogar noch mehr graue Fische und Wasserschildkröten da, sogar ein Seepferdchen war darunter.

Ich schwamm zum Tisch, nahm einen dünnen Pinsel und tauchte ihn in die rote Farbe ein. Es schien zu funktionieren! Die Farbe löste sich nicht im Wasser auf.

Ich hielt den Pinsel fest in der Hand und malte ein paar grauen Fischen vorsichtig kleine rote Punkte auf ihre schmalen Körper.

Sie hielten still im Wasser und schienen sich darüber zu freuen.

Ich tauchte immer wieder kurz auf, um Luft zu holen, dann malte ich unter Wasser weiter.

Rote Punkte, blaue Streifen, grüne Kreise – es machte Spaß, alle Fische bunt anzumalen.

Der großen Wasserschildkröte malte ich ein Schachbrettmuster auf den Panzer, das Seepferdchen bekam einen hellen blau schimmernden Punkt.

Endlich waren alle zufrieden.

Sie wirbelten um mich herum, ein farbenfroher Haufen, dann sausten sie mit schnellen Bewegungen davon.

Am nächsten Tag kehrte ich zur selben Stelle zurück – aber der Tisch mit den Farben und Pinseln war verschwunden.

„Jetzt werden sicher anderswo neue Maler gesucht!", dachte ich. „Damit es viele verschiedene Muster zu sehen gibt!"

Ich nahm meine Taucherbrille und blieb fast den ganzen Tag im Wasser.

Einige der bunten Fische, die an mir vorbeischwammen, kannte ich.

Ich hatte sie selbst bemalt!

Sie kamen ganz nahe an mich heran, und ich bin mir sicher, dass sie mich begrüßen wollten!

Seither gehe ich fast nie ohne Taucherbrille ins Wasser.

Vielleicht werde ich ja wieder einmal als Unterwassermaler gebraucht.

Und es gibt viel zu entdecken!

Die anderen Maler haben sich auch ganz schön viel einfallen lassen …

# SELIMS ABENTEUER IM BAUMHAUS

Vorigen Sommer habe ich mit einigen Freunden im Burgenland in Österreich ein Baumhaus gebaut. Meine Eltern haben dort ein altes Bauernhaus, mit vielen schönen Obstbäumen.
Die Kinder von der „Feldgasse", in der das Haus steht, haben mir beim Bauen geholfen.
Zwei Jungen und zwei Mädchen: Noam und Jonah, Anna und Michelle.
Seit das Baumhaus fertig ist, sitzen wir oft gemeinsam im Haus und spielen Familie. Oder wir sind Indianer, die alles beobachten.
Einmal bin ich zeitig in der Früh zum Haus geschlichen. Im Pyjama.
Alle haben noch geschlafen. Als ich die Leiter hinaufsteigen wollte, wäre ich fast vor Schreck ins Gras gefallen.
Da saß plötzlich ein Nashorn im Baumhaus.
Es war so groß und dick, dass kaum noch Platz für mich war.
„Komm ruhig herauf!", sagte das Nashorn freundlich. „Ich mach mich ein wenig dünner." Es hielt die Luft an.
„Ich bleibe nur kurz", sagte ich und stieg die Leiter hinauf.
Ich zwängte mich ins Baumhaus.
„Wo kommst du her?", fragte ich.
„Ach, es geht um eine Wette", sagte das Nashorn. „Einmal um die Welt in 88 Tagen. Eine Wette mit dem Gorilla. Er ist in die eine Richtung gelaufen, ich in die andere. Wir wollten einmal rundherum. Dann treffen wir uns wieder. Jetzt laufe und laufe ich. Aber so langsam habe ich keine Lust mehr. Ich wollte mich ausruhen. An einem Platz, wo mich keiner sieht. Da kam mir dein Haus in den Bäumen gerade recht. Ich bin schon die ganze Nacht hier. Ich hoffe, es stört dich nicht. Nashörner sind wohl eher selten in dieser Gegend? Ich hab noch keines gesehen."
„Sehr selten", sagte ich. „Nashörner gibt es bei uns nur im Tiergarten."
„Da ist mir euer Garten lieber", sagte das Nashorn und seufzte. „Hast du genug Platz?"

„Geht schon", sagte ich, obwohl ich kaum Luft bekam.
„Kannst du nicht hier auf den Gorilla warten? Er muss doch irgendwann hier vorbeikommen?"
„Das wäre eine gute Idee", sagte das Nashorn. „Aber vielleicht verpasse ich ihn, weil er irgendwo abgebogen ist. Ich schaue mir noch ein wenig die Gegend an, dann laufe ich gemütlich weiter."
„Gemütlich klingt gut", sagte ich.
„Die Wette hat sich jetzt schon ausgezahlt", sagte das Nashorn. „Ich hab gar nicht gewusst, dass die Welt so schön ist. Ich bin ja aus meinem Land nie herausgekommen! Die Reise hat sich gelohnt! Es gibt viel zu sehen!"

„Lass dir ruhig Zeit", sagte ich. „Hinter dem nächsten Hügel gibt es einen kleinen See. Falls du Lust auf ein Bad hast!"

„Die habe ich! Da werde ich noch einkehren. Und sobald ich den Gorilla getroffen habe, werde ich ihn einmal in diese Gegend locken.

Wer weiß – vielleicht sitzen wir eines Tages alle drei in deinem schönen Haus in den Bäumen!"

Ich musste schlucken.

„Könnte eng werden", sagte ich. „Aber ihr seid herzlich willkommen!"

Dann kletterten wir die Leiter hinunter, einer nach dem anderen.

Der ganze Baum wackelte, als das Nashorn die Leiter hinunterstieg.

„Schönen Tag noch!", sagte das Nashorn. „Und danke für die Gastfreundschaft!"

„Gern geschehen!", sagte ich. „Gute Reise! Bis bald!"

Das Nashorn trabte langsam los.

Ich ging mit meinem Pyjama zurück ins Haus und kuschelte mich wieder ins Bett.

## „FOUL! ROTE KARTE! FREISTOSS!"

Viele Menschen haben Mut. Zum Beispiel Fußballschiedsrichter oder Busfahrer. Und Lehrerinnen und Lehrer.

Die einen müssen schauen, dass nicht zu viele Fouls passieren. Die anderen müssen ihren Bus mit allen Leuten darin gut und sicher durch den Straßenverkehr bringen. Und die Lehrerinnen und Lehrer müssen es schaffen, alle Kinder freundlich und vorsichtig durch den Urwald aus Buchstaben und Zahlen zu führen, der in den Schulbüchern auf sie wartet. Das sind keine einfachen Aufgaben. Und natürlich haben Detektivinnen und Detektive Mut. Sie müssen Spuren folgen, die anderen verborgen bleiben.

Hier sind ein paar Geschichten von ungewöhnlichen Menschen, die alle — auf ihre Art und Weise — Mut zeigen.

Nicht wundern! Es taucht ein höchst seltsames Wesen auf! Und es kommen eine Frau und ein Mann aus Stein vor, die eines Tages einfach losgehen …

## FREISTOSS!!!

Herr Berger hat Angst.

Er ist auf einem Fußballplatz und die unglaublichsten Dinge geschehen.

Ein Spieler schießt den Ball auf den Mond.

Zwei Spieler haben ihre Hunde mitgebracht.

Ein Spieler trägt sonderbare Schuhe mit Stacheln.

Zwei Spieler werfen einen dritten übers Tor.

Vier Spieler bauen eine Mauer aus Ziegelsteinen.

Zwei Spieler haben sich als Tiere verkleidet.

Drei Spieler stellen ein Trampolin in den Strafraum, für Kopfbälle.

Vier Spieler grillen Würste über einem Feuer.

Ein Spieler hat die größten Handschuhe an, die Herr Berger je gesehen hat.

„FOUL! ROTE KARTE! FREISTOSS!", ruft Herr Berger im Traum.

Er schreit so laut, dass er davon wach wird.

Er steht auf und schaut auf den Kalender.

Noch zwei Tage: Dann pfeift er das Spiel SK Donnersburg gegen
SC Felsenfuß.

Herr Berger hat Angst, dass etwas Unvorhergesehenes passiert oder
dass er eine falsche Entscheidung trifft.

Er ist Schiedsrichter.

„Freistoß!", sagt er leise, dann schläft er wieder ein.

# GUT GEMACHT!

Niklas ist langweilig.
Er macht ein paar Übungen.
Er legt sich auf die Erde und horcht, ob Feinde kommen. Das hat er in einem Indianerbuch gelesen.
Er spielt Zirkus.
Er springt über seinen Schatten.
Er verkleidet sich.
Er gräbt ein Loch.
Er spielt Statue.
„Niklas!", schreit plötzlich jemand laut.
Ein Ball kommt geflogen.
Niklas segelt durch die Luft.
Gehalten!
Die anderen klopfen Niklas auf die Schulter.
„Gut gemacht!"
„Keine Ursache", sagt Niklas und schießt den Ball weit ins Feld.

# Drei Schwestern

Hertha, Bertha und Lulu sind Schwestern.
Sie sind gefährlich.
Aber nur für jene, die etwas angestellt haben.
Hertha, Bertha und Lulu sind in der ganzen Stadt bekannt.
Immer wieder sieht man ihr Foto in der Zeitung, und darunter steht:
„Die drei Schwestern haben wieder zugeschlagen!"

Die drei Schwestern sind der Schrecken der dunklen Gestalten, die sich nachts in fremde Häuser schleichen, um heimlich Fernsehen zu schauen oder die in die Bäckerei einbrechen, um einen Knoten in alle Salzstangen zu machen.
Hertha hat den Röntgen-Blick. Sie kann durch alles hindurchschauen.
Sie sieht dich an und weiß sofort, ob du heute eine Brezel gegessen hast. Oder eine Salzstange.
Bertha hat das ansteckende Lachen. Sie kann so lachen, dass man mitlachen muss – ob man will oder nicht. Bertha hat schon viele Schurken so zum Lachen gebracht, dass sie vor lauter Lachen auf dem Boden saßen, sich den Bauch hielten und gar nicht mehr ans Davonlaufen dachten.

Ludmilla – pardon, Lulu – hat den Schrei. Den Schrei, den sonst niemand hat außer ihr.

Wenn Lulu schreit, fallen die Äpfel von den Bäumen, und die Straßenbahnschienen verbiegen sich.

Wenn Lulu schreit, dann ist nicht mehr an Flucht zu denken. Da gibt es kein Entkommen. Sogar die Räuber mit den dicksten Ohrenschützern haben bei Lulu keine Chance. Ihr Schrei geht durch und durch.

„DURCH DICK UND DÜNN" heißt die Privatdetektiv-Agentur der drei Schwestern.

Bei Briefen malen sie drei Kreise, mit einem B, einem H und einem L darin und schreiben darunter:

*Mit besten Grüßen! Die drei Schwestern.*

Hertha, Bertha und Lulu sind nicht leicht aus der Fassung zu bringen.

Aber vor genau siebenunddreißig Minuten ist etwas passiert, das die ganze Stadt beunruhigt und das auch die drei Schwestern nicht fassen können.

Die ganze Stadt hat plötzlich gelbe Punkte.

Alles. Das Rathaus, der Kirchturm, die Schule, das Theater, die Straßenbahn, der Bus.

Alles hat gelbe Punkte.

Nur die Menschen nicht.

Und die Hunde und Katzen und Mäuse und Schnecken und Igel auch nicht.

„Na, immerhin", sagt Bertha und schaut sich um.

Hertha wundert sich, aber sie hat keine Lust zu lachen.

Lulu denkt kurz nach. Dann schreit sie, dass die Ohren und Wände wackeln.

Nichts geschieht. Nur da und dort fallen ein paar gelbe Punkte von der Mauer.

„Lasst uns eine Runde drehen", sagt Hertha.

Bertha nickt.

Lulu ist schon auf dem Weg.

Die drei Schwestern öffnen eine schmale Tür neben dem Eingang zu ihrer Agentur.

Dann holen sie ein langes Fahrrad hervor.

Es hat drei Räder, drei Sitze und drei Lenkstangen.

Es wurde eigens für die drei Schwestern gebaut.

„Los geht's!", rufen Hertha, Bertha und Lulu wie aus einem Mund.

Dann treten sie in die Pedale.

„Nichts zu sehen!", ruft Hertha nach der ersten Kurve.

„Da gibt´s nichts zu lachen!", ruft Bertha als sie durch alte schmutzige Gassen fahren.

„Soll ich mal schreien?", fragt Lulu.

„Später", sagen Hertha und Bertha und radeln weiter.

Plötzlich bremst Hertha so stark, dass sich das Fahrrad aufstellt wie ein bockiges Pferd.

„Hoppla", sagt Hertha. „Was seh' ich denn da?"

„Was denn?", fragen Bertha und Lulu, die fast vom Fahrrad gefallen wären.

„Hinter der nächsten Häuserecke steht ein seltsames Wesen mit gelben Punkten", sagt Hertha. „Es sagt DADA und berührt alles mit seinen gelben Fingerspitzen!"

„Alles klar!", sagt Bertha und beginnt zu lachen, dass sich das Fahrrad verbiegt.

„Verstehe", sagt Lulu und schreit so laut „HAAAAAALT!", dass sogar die Wolken am Himmel stehen bleiben.

Die drei Schwestern radeln ums Eck.

Ein seltsames Wesen mit gelben Punkten und gelben Fingerspitzen kugelt sich auf dem Boden vor Lachen. Die Haare stehen ihm zu Berge, das musste von Lulus Schrei sein.

„Was machst du da?", fragt Hertha und deutet auf die Hausmauer, die voller gelber Punkte ist.

„DADA", sagt das seltsame Wesen. „Ich komme aus DADA und schaue mir alles an! Das ist ja eine sonderbare Stadt mit sonderbaren Dingen."

„Da hast du wohl recht", lacht Bertha. „Eine sonderbare Welt."
Lulu überlegt, ob sie schreien soll.
Hertha und Bertha schütteln den Kopf.
„Was du anfasst bekommt gelbe Punkte. Das sind die Leute hier nicht gewöhnt", sagt Hertha. „Du sorgst für ganz schön viel Aufregung in der Stadt."
„Verstehe", sagt das seltsame Wesen. Es berührt das Fahrrad der drei Schwestern.
„Aber – das sieht doch schön aus!"
Hertha schaut sich die gelben Punkte auf dem Fahrrad an.
Bertha seufzt.
Lulu atmet tief durch.
„Mich stört's nicht", sagt Hertha.
„Mir gefällt's", sagt Bertha.
„Ich mag Farben", sagt Lulu.
„Ich kann leider nicht lange bleiben", sagt das seltsame Wesen. „Ich muss nach DADA zurück."
„Und die gelben Punkte? Bleiben die?", fragt Hertha.
„Ein paar davon!", sagt das seltsame Wesen.
Es verbeugt sich vor den drei Schwestern.
„Bis zum nächsten Mal!", sagt es freundlich. „Wenn ich wiederkomme, dann möchte ich auch die Menschen berühren", sagt es noch, dann löst es sich plötzlich in Luft auf.
Nur ein kleiner gelber Punkt bleibt auf der Straße zurück.
„Jetzt haben wir ihn gar nicht nach seiner Adresse gefragt", sagt Hertha.
Bertha muss so laut lachen, dass ein paar gelbe Punkte vom Fahrrad fallen.
„Ich wüsste auch gern, wie man nach DADA kommt", sagt Lulu leise.
Die drei Schwestern radeln zurück in ihre Agentur.
Sie berichten der Bürgermeisterin und den Journalisten vom freundlichen Wesen mit den gelben Punkten.
Die Bürgermeisterin hat eine Idee.

Sie lässt eine Schaukel mit gelben Punkten aus dem Park holen und mitten auf dem Hauptplatz aufstellen.
Neben der Schaukel steht auf einem Schild: „DADA lässt grüßen!"
Die drei Schwestern sitzen oft auf der Schaukel.
Hertha links, Bertha rechts, und Lulu in der Mitte.
Manchmal rufen Hertha und Bertha laut „DADA!", und dann schaukeln sie wie wild drauflos.
Und Lulu sitzt in der Mitte und hält sich fest und muss so laut lachen, dass es die ganze Stadt vor lauter Lachen fast aus den Angeln hebt ...

# FREIER TAG

Der alte Dichter aus Stein sprang vom Sockel, streckte und reckte sich, machte ein paar Kniebeugen, schaute sich um – und dann ging er los.
„Solltest du nicht da oben stehen?", fragte ein kleines Mädchen, das ihre schwarze Katze aus Wolle spazieren trug.
„Ich habe heute meinen freien Tag", sagte der alte Dichter.
Er verbeugte sich, hob grüßend den Hut und ging weiter.

Der Dichter, der Johann hieß, ging geradewegs zum See.
Dort setzte er sich auf eine Bank und schaute lange aufs Wasser.
Ein paar Vögel grüßten ihn im Vorbeifliegen.

Als ein weißes Ausflugsboot mit einem langen Tuten, das wie ein Seufzen klang, am Ufer anlegte, ging Johann zum Steg, kaufte eine Karte und stieg ein.

„Seerundfahrt. Dauer: Eine Stunde" stand auf dem Schild neben der Kasse.

Johann saß ganz oben, Deck, erste Reihe, mit dem Hut in der Hand.

Der Wind war ihm so angenehm und erfrischend, dass er ihm von Zeit zu Zeit freundlich zunickte.

Es sah aus als würden sich der Wind und er schon lange kennen.

Die Schwäne zogen am Boot vorbei. Er sah ihnen lange nach.

Er freute sich über jede Bewegung des Bootes auf den Wellen.

Stillvergnügt saß er da, wie ein Kind in einer großen Schaukel.

Nach der Bootsrundfahrt ging er ins größte Wirtshaus im Ort. Dort saß er inmitten der jungen und alten Leute. Er aß und trank und hörte den Geschichten zu, die erzählt wurden. Ab und zu zog er ein altes Buch aus seiner Tasche, um sich etwas aufzuschreiben.

Er lächelte kurz, und dann füllte er sein Glas aufs Neue.

Nach dem Essen spazierte er eine Runde durch die Stadt.

Er ging von Denkmal zu Denkmal, schüttelte da eine Hand, rief dort einen kurzen Gruß oder wischte etwas Staub zur Seite.

Lange stand er bei einer Frau, die auf einem steinernen Stuhl saß, mit einem Buch in der Hand. Sie hatte den Blick gehoben und hatte nur Augen für ihn. Ihr Name war Charlotte.

Mit einer scheuen Verbeugung verließ sie Johann, als es Abend wurde.

Am nächsten Morgen stand er wieder an seinem gewohnten Platz.

Aber etwas war anders.

Er hielt sein Heft in der Hand, so wie immer, aber die Schreibfeder hatte er weggelegt.

Und sein Blick ging am Heft vorbei.

Ein paar Stunden später war er verschwunden.

„Schau! Er hat schon wieder einen freien Tag", sagte das kleine Mädchen zu ihrer schwarzen Katze, als sie sah, dass sein Platz leer war.

Auch die Frau aus Stein, vom Platz neben der Kirche, war verschwunden.
Man erzählt sich, dass beide noch einen Tag in der Stadt geblieben seien.
Man habe sie bei einer Rundfahrt auf dem See gesehen.
Am nächsten Morgen habe man sie auf dem Bahnhof beobachtet, sie hätten auf einen Zug gewartet, mit schönen, steinalten Koffern …
Ihre Sockel sind bis heute leer.
„So kann man sich gut an sie erinnern", sagt das kleine Mädchen und lässt ihre schwarze Katze aus Wolle auf den leeren Sockeln spielen.

## KEINE ANGST!

„Das Glück kommt oft unverhofft", heißt es in einem Sprichwort. Das mag schon sein. Aber manchmal hat das Glück auch mit Mut zu tun. Wer den Mut hat, auf sich selbst zu vertrauen – den kommt das Glück gern besuchen. Da muss man nicht einmal mehr Angst vor dem Wolf haben, oder vor dem großen Meeresgeist. Und manchmal hilft es auch, wenn man Freunde an seiner Seite hat ...

# DER WAHRSAGER AUF DER BRÜCKE

**Ein Märchen aus Portugal, neu erzählt**

Eines Tages ging ein junger Kohlehändler mit seinem Esel zum Markt. Da sah er einige Studenten mit ihren Büchern auf einer Brücke beim großen Fluss sitzen. Sie saßen in der Sonne und lasen in ihren Büchern und wirkten recht zufrieden.

„So will ich auch leben", dachte der Kohlehändler bei sich. Er verkaufte seinen Esel, kaufte sich ein Buch und setzte sich ebenfalls auf die Brücke.

„Hallo junger Freund", sagte einer der Studenten. „Bist du neu in der Stadt? Was ist denn dein Studienfach?"

„Ach", sagte der Kohlehändler, „das ist leicht erklärt."

Und weil ihm nichts anderes einfiel, sagte er: „Ich studiere die Kunst der Wahrsagerei!"

Da staunten die anderen, und es sprach sich rasch herum, dass da einer auf der Brücke beim großen Fluss sitze, der wahrsagen könne.

Dem König des Landes war gerade eine Schatztruhe aus der Schatzkammer gestohlen worden, und er als vom jungen Wahrsager hörte, ließ er ihn sofort rufen.

„Wahrsager wissen die Wahrheit", sagte der König. „So sagt man zumindest. Bevor ich dich etwas Wichtiges frage, will ich dich aber erst testen."

Er streckte seine geschlossene linke Hand aus.

„Sag mir, was halte ich hier verborgen?"

Der junge Kohlehändler hieß mit Familiennamen Grille, und da er keine Antwort wusste, stammelte er nur:

„Oh, Grille, wo bist du da nur hingeraten!"

Der König war beeindruckt.

Er öffnete seine Hand, und eine Grille kam zum Vorschein.

„Lass mich noch einen Test machen, dann schenke ich dir mein Vertrauen", rief der König und verbarg etwas in seiner rechten Hand.

Der junge Kohlehändler kam ins Schwitzen.

„Ja, jetzt muss man Schwein haben", sagte er nachdenklich.

Der König klatschte zufrieden in die Hände. „Ich habe hier eine Borste von einem Wildschwein. Du hast es schon wieder gewusst."

Dann erzählte er vom Diebstahl in seiner Schatzkammer und gab dem Wahrsager einen Tag lang Zeit, um die Diebe zu nennen.

„Hoffentlich kommt er uns nicht auf die Spur", flüsterte ein Diener dem anderen zu, als der junge Kohlehändler das Schloss verließ.

Der aber hatte die Diener gehört, und so kam er am nächsten Tag ruhigen Schrittes zum König und nannte die beiden Diebe.

Sie gestanden alles, und der junge Kohlehändler wurde reich belohnt.

Noch am selben Abend geschah es, dass der Prinzessin beim Essen ein kleines Stück Fleisch im Hals stecken blieb und sie keine Luft mehr bekam. Der junge Kohlehändler wurde rasch geholt. Er sprang zu ihr und kitzelte sie an allen Stellen. Sie musste so heftig lachen, dass das kleine Stück Fleisch aus dem Hals sprang und sie wieder atmen konnte.

„Ihr seid ja auch noch ein Wunderheiler!", rief der König erfreut.

So blieb der junge Kohlehändler als Arzt am Hofe des Königs.

Er wurde von allen „Doktor Grille" genannt und viele Menschen suchten seinen Rat.

„So bin ich doch noch ein Student geworden", dachte der Kohlehändler bei sich. „Ich habe das Leben studiert."

Er hatte ein langes gutes Leben, und noch lange erzählte man sich Geschichten von Doktor Grille und den Menschen, die er geheilt hatte.

# Die mutige Großmutter

### Ein Märchen aus Bosnien, neu erzählt

Es war einmal eine Großmutter, die lebte allein in einem kleinen Haus am Rande der Dörfer.
Sie lebte ein ruhiges, zufriedenes Leben und ließ es sich gut gehen.
Das Wasser zum Trinken holte sie sich aus der nahen Quelle, ihr Essen wuchs in ihrem großen Garten, auf der Obstwiese und in den Wäldern ringsum.
Eines Tages beschloss sie, ein wenig weiter zu gehen als sonst.
So kam sie in einen entlegenen Wald. Sie schaute sich um und begann, die vielen Beeren zu sammeln, die ihr da und dort entgegenleuchteten.
Sie summte vor sich hin, pflückte die saftigen Beeren und füllte langsam ihren Korb.
Als sie sich auf den Heimweg machen wollte, stand plötzlich der Wolf vor ihr. Er stellte sich mitten in den Weg und knurrte sie an:
„Großmutter, Großmutter, heute werde ich dich fressen!"

Die Großmutter hielt ihren Korb mit den Beeren fest in der Hand und dachte nach, wie sie den Wolf überlisten konnte. „Die Beeren sind für meine drei Söhne!", sagte sie schließlich. „Sie warten zu Hause auf mich. Sie sind sicher schon genauso hungrig wie du."

„Du hast drei Söhne?", fragte der Wolf, und das Wasser lief ihm im Mund zusammen.

„Das klingt ja nach einer guten, schmackhaften Mahlzeit", dachte er bei sich.

„Es sind drei prächtige Burschen!", sagte die Großmutter.

„Der erste heißt Weich, der zweite heißt Hart, und der Name des dritten ist Niemals."

„Dann will ich dich laufen lassen, wo doch deine drei Söhne auf dich warten!", sagte der Wolf freundlich und trat zur Seite.

Die Großmutter machte sich auf den Weg.

Hinter Bäumen und Sträuchern versteckt folgte ihr der Wolf, in der Hoffnung auf ein gutes, fettes Abendessen …

Die Großmutter erreichte ihr Haus, ging hinein und verriegelte die große schwere Tür.

Der Wolf wartete noch im Wald, bis es dunkel wurde, dann schlich er zum Haus der Großmutter.

Er klopfte heftig an die Tür und rief laut: „Großmutter, ich bin es, der Wolf! Ich will deine Söhne besuchen!"

Aber die Großmutter öffnete nicht.

Der Wolf klopfte noch lauter und sagte: „Großmutter, hol mir den Weich, deinen ersten Sohn!"

Die Großmutter rief: „Weich ist mein Bett, in das ich mich hineinlege!"

Der Wolf klopfte noch einmal an die Tür: „Großmutter, dann gib mir Hart, deinen zweiten Sohn!"

„Hart ist das Schloss in meiner Tür, das fest verriegelt ist!", gab die Großmutter zur Antwort.

Der Wolf wurde wütend, er klopfte ein drittes Mal und schrie: „Großmutter, dann gib mir den Niemals, deinen dritten Sohn!"

„Niemals!", antwortete die Großmutter. „Niemals mehr gehe ich allein in deinen Wald, um Beeren zu sammeln. Da suche ich mir lieber eine andere Stelle!"

Daraufhin setzte sich die Großmutter an den Küchentisch und ließ sich die Beeren gut schmecken.

Und danach legte sie sich in ihr weiches Bett und schlief fest und tief.

Der Wolf aber kehrte wütend in seinen Wald zurück.

# Der Königssohn und das Meer

**Ein Märchen aus Finnland, neu erzählt**

Es war einmal ein König, der hatte drei Söhne.
Dem ältesten Sohn schenkte er eine große Truhe aus Gold, dem mittleren eine Truhe aus Silber und dem jüngsten eine Truhe aus Stroh.
Der eine verkaufte seine goldene Truhe, der andere seine silberne, und so waren beide zufrieden.
Der jüngste Sohn nahm seine Truhe aus Stroh und ein langes Seil und machte sich auf dem Weg zum Meer.
Unterwegs traf er einen Bären.
„Wo willst du hin, mit dem Seil und deiner seltsamen Truhe?", fragte der Bär.
„Ich gehe zum Strand. Ich werde das Meer ans Land ziehen und in meine Truhe stecken", sagte der Königssohn.
„Das will ich sehen", sagte der Bär und folgte ihm.

Auf ihrem Weg zum Meer begegneten sie einem Wolf, einem Fuchs, einem Hasen und einem Eichhörnchen, und alle fragten sie ihn:
„Wo willst du hin, mit dem Seil und deiner seltsamen Truhe?"
Und zu allen sagte der Königssohn:
„Ich gehe zum Strand. Ich werde das Meer an Land ziehen und in meine Truhe stecken."
Als sie zum Meer kamen, wartete der Meeresgeist schon auf sie.
„Ich habe gehört, was du tun willst", sagte er zum Königsohn.
„Wenn du meinen Sohn im Ringkampf besiegst, dann darfst du das Meer – vielleicht – forttragen …"
Der Königssohn zeigte auf den Bären.
„Mein großer Bruder kämpft für mich", sagte er, und schon warf der Bär den Sohn des Meeresgeistes zu Boden, als würde ein Baum mitsamt den Wurzeln umfallen.
Der Meeresgeist überlegte sich neue Prüfungen.
Er ließ das Fleisch einer gewaltigen Seekuh an den Strand bringen.
„Wenn ihr das aufessen könnt, dann wird sich das Meer – vielleicht – ergeben …"
Der Wolf stürzte sich hungrig aufs Fleisch, und in wenigen Sekunden war alles verschlungen.
Der Meeresgeist wurde unruhig.
„Nur wer im Lügen siegt, darf das Meer forttragen!", rief er laut.
Sofort begann der Fuchs zu erzählen, wie er einmal den Schatten eines Huhns geschluckt hatte und fünf Minuten später ein schwarzes Ei gelegt hatte, aus dem plötzlich …
„Genug! Genug!", rief der Meeresgeist verzweifelt. „Von der Lügerei rauscht einem ja schon der Kopf!"
Er dachte nach …
„Einer von euch muss mit meinem Sohn um die Wette laufen", sagte er.
„Er ist schneller als der Wind."
Der Königssohn schrie dem Hasen laut ins Ohr.

Der Hase erschreckte sich so sehr, dass er so schnell auf und ab rannte, dass der Sohn des Meeresgeistes nicht Schritt halten konnte.

„Einen Wettkampf machen wir noch", sagte der Meeresgeist. „Ich will sehen, wer rascher auf den Baum dort klettern kann."

Aber noch bevor sein Sohn den ersten Ast erreicht hatte, saß das Eichhörnchen schon auf dem Wipfel des Baumes und winkte freundlich herab ...

„Du darfst das Meer nicht forttragen", sagte der Meeresgeist zum Königssohn. „Leg dein Seil weg. Ich gebe dir so viele Silbermünzen, wie du in deinem Hut tragen kannst."

Der Königssohn machte einen kleinen Riss in seinen Hut und legte ihn über eine tiefe Grube im Sand.

Die Diener des Meeresgeistes kamen und schütten Silbermünzen in den Hut, aber die Münzen fielen in die Grube, und es dauerte und dauerte, bis der Hut endlich voll war.

„Du hast recht. Das Meer soll bleiben, wo es ist", sagte der Königssohn zum Meeresgeist und legte das Seil weg.

Die sieben Freunde füllten die Truhe aus Stroh mit den Silbermünzen, und dann zogen sie zufrieden weiter.

## Der Löwe in mir (2)

Der Löwe in mir
ist ein mutiges Tier.
Immer, wenn ich mich etwas trau
brüllt er laut „GENAU!"

# Kleines Einschlafgedicht
*(Bitte drei Mal laut sagen!)*

Schlaf gut, lieber Mut!
Du tust mir gut!
Sei morgen wieder bei mir!
Ich danke dir!

# Inhalt

Vorwort: Mut sieht immer anders aus! . . . . . . . 3

## DER LÖWE IN MIR . . . . . . . . . 5

Weitsprung! . . . . . . . . . . . 6

Was Kinder alles können . . . . . . . . . . 10

## VON MEERJUNGFRAUEN UND PRINZESSINNEN, VON KÖNIGEN UND PRINZEN . . . . . 12

König Goldhand . . . . . . . . . . . 13

Der verschwundene Prinz . . . . . . . . 19

Der Fisch in der Tasche . . . . . . . . 25

Will das Glück nach seinem Sinn . . . . . . . 29

Geh nicht dahin . . . . . . . . . . 29

Der Schüler des Zauberers . . . . . . . . 30

## IN DER FREMDE . . . . . . . . . . . 33

Auf und davon! . . . . . . . . . . . 34

Kleiner Mann . . . . . . . . . . . 42

Krieg . . . . . . . . . . . . 43

## FLIEGEN LERNEN . . . . . . . . . 44

Bärenhunger . . . . . . . . . . . 45

Bleibe nicht am Boden heften . . . . . . . . 48

Über den Wolken . . . . . . . . . . 49

Herr Zibrillo lernt fliegen . . . . . . . . 50

An der Leine . . . . . . . . . . . 54

## DIE SCHWARZE WOLKE . . . . . . . . . 55
Papa, Jona und der Wal . . . . . . . 56
Mein Zauberspruch . . . . . . . . . 60
Phönix . . . . . . . . . . . . . . 60
Zip, das Zebra ohne Streifen . . . . . 61

## WENN DAS HERZ KLOPFT . . . . . 66
Beim großen Baum . . . . . . . . 67
Seit ich dich kenne . . . . . . . . 70
Verliebt! . . . . . . . . . . . . . 71
Das Glücksmädchen . . . . . . . . 72

## SCHÖN UND STARK! . . . . . . . . 75
Heut' bin ich groß! . . . . . . . . . 76
Heut' bin ich schön! . . . . . . . . 79
Auch Indianer kennen den Schmerz . . . . . . . 82
Es war eine lustige Wendeltreppe . . . . . . . 85

## MIT LÖWENMUT . . . . . . . . . . 86
Das Schloss des Bären . . . . . . . 87
Das Mädchen aus Schnee und der kleine Hund . . 92
Die drei Geißlein und die Wespe . . . . . . . 95
Die zwei Drachen, der Löwe und der Fuchs . . . 98
Die Taube und die Ameise . . . . . . . . . .102
Der Hirsch und sein Spiegelbild . . . . . . . .104
Mutig wie ein Löwe . . . . . . . . . . . . .106
Der blaue Hai. . . . . . . . . . . . . . . .107
Ein Pferd unter Wasser . . . . . . . . . . .112
Gespräch einer Hausschnecke mit sich selbst . . .118

## KOMMT, LASST UNS WEITERGEHEN! · 119

Der verzauberte Apfelbaum . . . . . . . . . 120
Heute . . . . . . . . . . . . . . . . . . . 123
Nicht vergessen! . . . . . . . . . . . . . . 123
Wie die Geige zu den Menschen kam . . . . . 124
Die sechs Strohhüte . . . . . . . . . . . . 127
Drei Birken . . . . . . . . . . . . . . . . 130
Ein Fest feiern . . . . . . . . . . . . . . . 133
Alles! . . . . . . . . . . . . . . . . . . . 134

## „ICH WERDE ABENTEURER!" · 135

Selims Abenteuer im Indischen Ozean . . . . . 136
Selims Abenteuer in der Wüste . . . . . . . 138
Selims Abenteuer bei den Eisbären . . . . . . 140
Selims Abenteuer auf der Wolke . . . . . . . 142
Selims Abenteuer unter Wasser . . . . . . . 144
Selims Abenteuer im Baumhaus . . . . . . . 146

## „FOUL! ROTE KARTE! FREISTOSS!" · 149

Freistoß!!! . . . . . . . . . . . . . . . . . 150
Gut gemacht! . . . . . . . . . . . . . . . . 151
Drei Schwestern . . . . . . . . . . . . . . 152
Freier Tag . . . . . . . . . . . . . . . . . 158

## KEINE ANGST! · 161

Der Wahrsager auf der Brücke . . . . . . . . 162
Die mutige Großmutter . . . . . . . . . . . 165
Der Königssohn und das Meer . . . . . . . . 168
Der Löwe in mir (2) . . . . . . . . . . . . . 171
Kleines Einschlafgedicht . . . . . . . . . . . 172

# Hausbücher aus dem LAPPAN VERLAG

Heinz Janisch / Mathias Weber
**Gute Nacht, schöner Tag!**
Geschichten vor dem Schlafengehen
ISBN 978-3-8303-1260-4

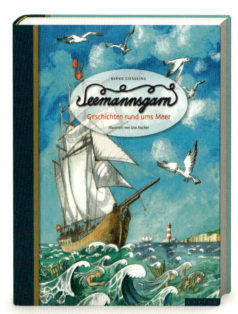

Bernd Gieseking / Uta Fischer
**Seemannsgarn**
Geschichten rund ums Meer
ISBN 978-3-8303-1241-3

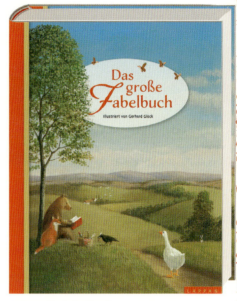

**Das große Fabelbuch**
Illustriert von Gerhard Glück
ISBN 978-3-8303-1266-6

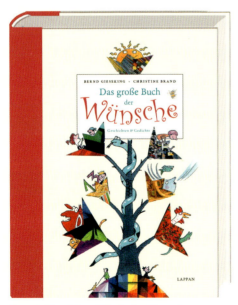

Bernd Gieseking / Christine Brand
**Das große Buch der Wünsche**
ISBN 978-3-8303-1198-0

**Narren- und Schelmengeschichten**
Illustriert von Gerhard Glück
ISBN 978-3-8303-1178-2

# w w w . l a p p a n . d e